いいことだらけの旬野菜で、今日なに作ろう。

旬がおいしい台所

井上裕美子

はじめに

私はスーパーで買い物をするとき、
「今日はなにを食べようかな」と考えながら
野菜売り場を歩きます。

目の前にたくさん並んでいるのは
エネルギーに満ち溢れている旬の野菜たち。
作るものを決めてから買い物に行くよりも、
選ぶ時間はかかりますが、
安くておいしそうな旬の野菜を買って、
それに合わせて献立を決める方がお得な気がするのです。

たとえば夏に旬を迎える野菜、
トマトやなすには、からだを冷やす作用があります。
秋から冬に旬を迎える野菜のにんじんや長ねぎには、
からだを温める作用があります。
旬の野菜をいただくことは、お財布だけでなく、
からだにとっても自然でやさしいことなのです。

四季のある日本だからこそ、
いろいろなおいしさを持った野菜と出会えます。

一年を通して日ごろの食卓を撮影し、連載でご紹介してきたものに
書き下ろしを加えて、一冊にまとめました。

旬の野菜を食べるアイデアとして、
また、仕事や育児に忙しい方々のために、簡単なレシピを心がけました。
この一冊が皆さまのお役に立てれば嬉しく思います。

Contents

2 はじめに

Spring 春の旬野菜

- 8 春キャベツとじゃこのペペロンチーノサラダ
- 9 春キャベツと柑橘のサラダ
- 10 春キャベツとあさりのエスニック風酒蒸し
- 11 春キャベツとソーセージの蒸し煮
- 12 にらと豚肉のピカタ
- 13 にらと豆腐と納豆の春巻き
- 14 にら玉ぶっかけうどん
- 15 にらとねぎのオイスターソース焼きそば
- 16 スナップエンドウとたこのレモンマリネ
- 17 スナップエンドウと鶏の粒マスタード炒め
- 18 スナップエンドウとゆで卵のサラダ
- 19 スナップエンドウと焼きカマンベールフォンデュ
- 20 たけのことたらの芽の揚げ焼き
- 21 たけのことわかめの梅おかかあえ
- 22 たけのこと鶏のつくね
- 23 グリルたけのこごはん
- 24 セロリときゅうりの香味あえ
- 25 セロリとしらすの炒めもの
- 26 セロリと春雨の蒸し焼き
- 27 セロリとえびの水餃子
- 28 まるごとにんにく入りアヒージョ
- 29 春の豆のにんにく炒め
- 30 牛肉とクレソンのガーリックライス
- 31 にんにくと豚の角煮
- 32 サニーレタスの韓国風サラダ
- 33 湯引きレタス
- 34 ほたて入り焼きロールレタス
- 35 レタスと豚肉のしゃぶしゃぶ鍋
- 36 旬の飲みもの・春

Summer 夏の旬野菜

- 38 アスパラガスと新じゃがのグリル
- 39 アスパラガスの焼き浸し
- 40 アスパラガスとりんごの豚バラ巻き
- 41 アスパラガスとマッシュルームの炊き込みごはん
- 42 ミニトマトのハニーピクルス
- 43 焼きトマトとモッツァレラチーズのバゲット
- 44 トマトのポタージュ
- 45 トマトと卵のオイスターソース炒め
- 46 焼きパプリカとアボカドのナムル

- 47 ピーマンと油揚げの炒め煮
- 48 ピーマンと魚肉ソーセージの
ケチャップ炒め
- 49 ピーマンのふんわり肉詰め
- 50 とうもろこしとみょうがのかき揚げ
- 51 とうもろこしの冷製豆乳ポタージュ
- 52 とうもろこしのチリソテー
- 53 とうもろこしのズッキーニファルシ
- 54 揚げなすのマリネ
- 55 揚げない麻婆なす
- 56 冷やしなすそうめん
- 57 なすトマトベーコンのオーブン焼き
- 58 オクラとひじきのナンプラー白あえ
- 59 オクラとえびとトマトの炒めもの
- 60 オクラとゆで鶏のマスタードソース
- 61 オクラとチーズ白玉のスープ
- 62 蒸し焼き枝豆
- 63 枝豆葛豆腐
- 64 枝豆とパルミジャーノのリゾット
- 65 ずんだ豆乳アイス
- 66 旬の飲みもの・夏

Autumn　秋の旬野菜

- 68 かぼちゃのグリル
- 69 かぼちゃとレンズ豆のカレー煮
- 70 かぼちゃとほうれん草のグラタン
- 71 かぼちゃのプリン
- 72 れんこんのはさみ焼き
- 73 れんこんポテトサラダの
スタッフドバゲット
- 74 れんこんと鶏ささみの中華炒め
- 75 れんこん団子汁
- 76 オリーブオイルポテトチップス
- 77 カリカリコンビーフポテト
- 78 ふんわりマッシュポテト
- 79 じゃがいもと鶏肉の甘辛蒸し焼き
- 80 スティック大学芋
- 81 さつまいもとゆで卵の
ヨーグルトサラダ
- 82 さつまいもと豚肉の黒酢炒め
- 83 さつまいもの豆乳味噌汁
- 84 チンゲンサイと牛肉の味噌炒め
- 85 チンゲンサイと鶏団子のスープ
- 86 チンゲンサイといかの
エスニック炒め
- 87 チンゲンサイと枝豆の中華風粥
- 88 にんじんのわんぱくサンド
- 89 にんじんと豚バラの
しょうがクミン炒め
- 90 ゴロゴロにんじんスープ
- 91 にんじんスフレチーズケーキ
- 92 しいたけのバルサミコマリネ
- 93 しいたけのトマトチーズ焼き
- 94 しいたけとらっきょうのペンネ
- 95 焼きしいたけの炊き込みごはん
- 96 旬の飲みもの・秋

Winter 冬の旬野菜

- *98* 大根と柿のマリネ
- *99* 揚げ大根
- *100* 大根と鶏手羽中のケチャップ煮
- *101* ひらひら大根と豚バラの常夜鍋
- *102* ほうれん草と春菊のおひたし
- *103* ほうれん草とウインナーの
ストラータ
- *104* ほうれん草ソテーのサンドイッチ
- *105* ほうれん草と桜えびのチャーハン
- *106* ごぼうのピクルス
- *107* 揚げごぼうと春菊のサラダ
- *108* きんぴらごぼうの細巻き
- *109* ごぼうとみつばとかまぼこの
わさびマヨあえ
- *110* 焼きねぎのバルサミコマリネ
- *111* 長ねぎのナムル
- *112* 長ねぎと鶏のスープ
- *113* 長ねぎと納豆のきつね焼き
- *114* 長いもの豚肉巻き
- *115* 長いもと白菜の味噌汁
- *116* 長いもの梅酢漬けと
ミニトマトのサラダ
- *117* 長いものグラタン風
- *118* 白菜とキムチと
カマンベールチーズの餃子
- *119* 白菜と鶏ささみのごまあえ
- *120* 白菜とひき肉の重ね焼き
- *121* 白菜と鮭のミルク味噌スープ
- *122* 旬の飲みもの・冬

- *123* *Column* 我が家の台所事情
- *124* おわりに
- *126* Index

【本書の使い方】
○材料の表記は1カップ=200㎖(200cc)、大さじ1=15㎖(15cc)、小さじ1=5㎖(5cc)です。
○電子レンジは600Wのものを使用しています。
○レシピには目安となる分量や調理時間を表記していますが、様子を見ながら加減してください。
○飾りで使用した材料は明記していないものがあります。お好みで追加してください。
○野菜類は、特に指定のない場合は、洗う、皮をむくなどの下準備を済ませてからの手順を記載しています。
○火加減は、特に指定のない場合は、中火で調理しています。

Spring
春の旬野菜

春キャベツとじゃこのペペロンチーノサラダ

お手軽さ ・・・
食べごたえ ・・
保存しやすさ ・

□ 材料 [2人分]

春キャベツ ― ¼個
にんにく(みじん切り) ― 1かけ分
A ｜ ちりめんじゃこ ― 60g
　｜ 赤唐辛子(小口切り) ― 1本分
　｜ 白炒りごま ― 小さじ1
レモン ― ¼個
ごま油 ― 大さじ2

□ 作り方

1. 春キャベツは5mm幅の細切りにし、水けをきって器に盛る。
2. フライパンにごま油、にんにくを入れて火にかける。香りが立ってきたらAを加えて炒める。
3. *1*に*2*をかけてレモンをしぼり、温かいうちにあえる。

春キャベツと柑橘のサラダ

お手軽さ ・・・
食べごたえ ・・
保存しやすさ ・

材料 [2人分]

春キャベツ — 1枚
柑橘（美生柑使用）— 1個
A | オリーブオイル — 大さじ1
　| 塩 — ひとつまみ

作り方

1. 春キャベツはざく切りにし、さっとゆで、水けをきる。柑橘はよく洗い、包丁で皮に横一周ぐるりと切り込みを入れる。切り込みから指で少しずつ皮と実をはがしていき、皮を破らないように実を取り出す。実は薄皮をむく。
2. ボウルに春キャベツと柑橘の果肉、Aを入れてあえる。
3. 皮に2を入れる。

Spring

春キャベツとあさりのエスニック風酒蒸し

お手軽さ ・・・
食べごたえ ・・
保存しやすさ ・

☐ 材料 [2人分]

- 春キャベツ — ¼個
- しょうが (みじん切り) — 1かけ分
- あさり (砂抜きしたもの) — 200g
- 酒 — 大さじ2
- ナンプラー — 小さじ1
- レモン — ¼個
- パクチー (ざく切り) — 適量
- オリーブオイル — 大さじ1

☐ 作り方

1. 春キャベツはざく切りにする。
2. フライパンにオリーブオイル、しょうがを入れて火にかける。香りが立ってきたらあさり、酒を加えてふたをし、3分程蒸す。あさりの殻が開いたら*1*、ナンプラーを入れてさっと炒め、春キャベツがしんなりしたらレモンをしぼる。
3. 器に盛り、パクチーをのせる。

春キャベツとソーセージの蒸し煮

お手軽さ ・・・
食べごたえ ・・・・
保存しやすさ ・・

□ 材料 [2人分]

春キャベツ — ¼個
かぶ — 2個
ソーセージ — 4本
水 — 1カップ
味噌 — 小さじ1
粉チーズ — 適量

□ 作り方

1. 春キャベツは半分にくし形に切る。かぶは皮をむき、半分に切る。
2. 鍋に1、ソーセージ、水を入れ火にかける。沸騰したらふたをして、弱火で10分煮る。キャベツが煮えたら味噌を溶き入れる。
3. 器に盛り、粉チーズをかける。

Spring

にらと豚肉のピカタ

お手軽さ ・・・
食べごたえ ・・・
保存しやすさ ・・

□ 材料 [2人分]

にら — 1/3束
豚薄切り肉 — 100g
小麦粉 — 大さじ1
A | 卵 — 1個
　 | 粉チーズ — 大さじ1
オリーブオイル — 大さじ1

□ 作り方

1. にらは2cm幅に切る。豚肉は半分に切り、小麦粉をまぶす。
2. ボウルににら、Aを入れて混ぜる。
3. フライパンにオリーブオイルを熱し、豚肉を2にくぐらせ、にらが均等につくようにして並べる。両面に薄く焼き色がつくまで焼く。

にらと豆腐と納豆の春巻き

お手軽さ　食べごたえ　保存しやすさ

材料 [2人分]

- にら — 1/3束
- 木綿豆腐（30分程水きりをしておく）— 1/2丁
- 納豆 — 1パック
- しょうゆ — 小さじ1
- 春巻きの皮 — 6枚
- 揚げ油（米油使用）— 適量

作り方

1. にらは1cm幅に切る。豆腐は6等分に細長く切る。
2. 納豆、にら、しょうゆをよく混ぜる。
3. 春巻きの皮に豆腐と2を包み、巻き終わりを水溶き小麦粉（分量外）でとめる。
4. 深めのフライパンに1cm程の油を熱し、3を両面色よく揚げる。

Spring

にら玉ぶっかけうどん

- お手軽さ ●●●
- 食べごたえ ●●●
- 保存しやすさ ●

□ 材料 [2人分]

にら — 1束
うどん — 2人分
卵黄 — 2個分
かつおぶし、しょうゆ — 各適量

□ 作り方

1. にらは4cm幅に切る。鍋に湯を沸かしてさっとゆでて冷水に取り、ざるにあけて水けをきる。
2. 鍋に湯を沸かし、うどんを袋の表示通りにゆでる。ざるにあけて、冷水で洗う。
3. 器にうどんを入れ、にら、卵黄、かつおぶしをのせてしょうゆをかける。

にらとねぎのオイスターソース焼きそば

お手軽さ ・・・
食べごたえ ・・・・
保存しやすさ ・・

□ 材料 [2人分]

にら ― ½束
長ねぎ ― 1本
中華麺 ― 2人分
A│ オイスターソース、しょうゆ、酒
  │ ― 各小さじ2
ごま油 ― 適量

□ 作り方

1. にらは4cm幅に切る。長ねぎは縦半分に切り、斜め薄切りにする。
2. 中華麺を袋の表示通りにゆで、ざるにあける。
3. フライパンにごま油を熱し、中華麺を入れて炒める。1を加えて炒め、Aをまわし入れてさっと炒める。

Spring

スナップエンドウとたこのレモンマリネ

お手軽さ・食べごたえ・保存しやすさ

□ 材料 [2人分]

- スナップエンドウ ― 12本
- ゆでたこ(刺身用) ― 120g
- セロリ ― 1/5本(30g)
- レモン(輪切り) ― 3枚
- A │ オリーブオイル、レモン汁 ― 各大さじ1
  │ 塩 ― 小さじ1/2
  │ はちみつ ― 少々

□ 作り方

1. スナップエンドウは筋を取る。ゆでたこは薄切りに、セロリはみじん切りにする。
2. 鍋に湯を沸かし、スナップエンドウを2分程ゆでる。ざるに広げて冷まし、半分に割る。
3. ボウルにAを合わせてよく混ぜ、材料をすべて入れてあえる。15分程冷蔵庫に入れ、味をなじませる。

スナップエンドウと鶏の粒マスタード炒め

お手軽さ ・・・
食べごたえ ・・・
保存しやすさ ・・

□ 材料 [2人分]

スナップエンドウ — 18本
鶏もも肉 — 1枚
塩 — 少々
長ねぎ — ½本
A｜粒マスタード — 大さじ1
　｜しょうゆ — 小さじ1
オリーブオイル — 大さじ1

□ 作り方

1. スナップエンドウは筋を取り、斜め半分に切る。鶏肉は小さめの一口大に切り、塩をふる。長ねぎは1cm幅に切る。
2. フライパンにオリーブオイルを熱し、鶏肉を炒める。全体に焼き色がついたら長ねぎ、スナップエンドウを加えて炒め、Aを加えてさっと炒める。

Spring

スナップエンドウと ゆで卵のサラダ

- お手軽さ
- 食べごたえ
- 保存しやすさ

□ 材料 [2人分]

スナップエンドウ ― 12本
ゆで卵 ― 2個
ツナ缶(油漬け) ― 小1缶
マヨネーズ ― 大さじ1
レモン汁 ― 少々
黒こしょう ― 適量

□ 作り方

1. スナップエンドウは筋を取る。ゆで卵は一口大に切る。ツナは軽く油をきる。
2. 鍋に湯を沸かし、スナップエンドウを2分程ゆでる。ざるに広げて冷まし、斜め半分に切る。
3. 材料をすべて合わせ、器に盛る。

スナップエンドウと焼きカマンベールフォンデュ

お手軽さ ●●●
食べごたえ ●●●
保存しやすさ ●

材料 [2人分]

スナップエンドウ — 10本
カマンベールチーズ — 1個
バゲット — 適量
ミックスナッツ(素焼き) — 大さじ1
生ハム — 3〜4枚

作り方

1. スナップエンドウは筋を取る。カマンベールチーズは上面を薄く切る。バゲットは一口大に切る。ミックスナッツは粗く砕く。
2. 鍋に湯を沸かしてスナップエンドウを2分程ゆで、ざるに広げて冷ます。生ハムを適当にちぎり、スナップエンドウに巻く。
3. 耐熱容器にカマンベールチーズを入れ、トースターで4〜5分焼いてチーズを溶かす。途中、トースターの空いているところにバゲットを入れて1〜2分焼く。カマンベールチーズの上にミックスナッツをのせ、スナップエンドウとバゲットをそえる。チーズフォンデュのように、チーズをつけながら食べる。

Spring

たけのことたらの芽の揚げ焼き

- お手軽さ
- 食べごたえ
- 保存しやすさ

材料 [2人分]

たけのこ(ゆでたもの) — ½本(100g)
たらの芽 — 6個
塩、木の芽 — 各適量
揚げ油(米油使用) — 適量

作り方

1. たけのこは大きめのくし形に切る。たらの芽は根元のはかまを取り、根元に十字に切り込みを入れる。
2. フライパンに多めの油を熱し、1を揚げ焼きにする。
3. 2の油をきって皿に盛り、塩をふる。木の芽をたたいてのせる。

たけのことわかめの梅おかかあえ

お手軽さ ・・・
食べごたえ ・・
保存しやすさ ・・

材料 [2人分]

ゆでたけのこの姫皮（または穂先） — 50g
梅干し — 1個
生わかめ — 100g
かつおぶし、しょうゆ — 各適量

作り方

1. たけのこの姫皮は食べやすく切る（穂先は薄切りにする）。梅干しは種を取り、実を包丁でたたく。
2. 鍋に湯を沸かし、わかめをさっと湯通しして水に取る。水けをきって食べやすく切る。
3. 1、2、かつおぶしを入れて混ぜ、しょうゆで味を調える。

Spring

- お手軽さ ●●●
- 食べごたえ ●●●
- 保存しやすさ ●●

たけのこと鶏のつくね

□ 材料 [2人分]

たけのこ (ゆでたもの) ― ½本 (100g)
鶏ひき肉 ― 120g
塩 ― ひとつまみ
しょうが (すりおろし) ― 1かけ分
卵 ― 1個
大葉 ― 6枚
片栗粉 ― 適量
しょうゆ ― 適宜
お好みの油 (米油使用) ― 少々

□ 作り方

1. たけのこはさいの目に切る。
2. ボウルに鶏肉と塩を入れてよく混ぜ、1、しょうが、卵を加えて混ぜる。
3. 大葉を広げて並べ、片栗粉を茶こしでまんべんなくふり、2を6等分にしてのせる。
4. フライパンに油を熱し、3を大葉の面を上にして並べ入れる。ふたをして3分程焼き、裏返して1分焼く。器に盛り、お好みでしょうゆをかける。

グリルたけのこごはん

お手軽さ ・・
食べごたえ ・・・
保存しやすさ ・・

□ 材料 [2人分]

米 — 2合
たけのこ（ゆでたもの）— ½本(100g)
油揚げ — ½枚
A｜昆布 — 5cm角1枚
　｜酒、しょうゆ — 各大さじ1
　｜塩 — ひとつまみ
オリーブオイル — 少々

□ 作り方

1. 米を研ぎ、水につけて30分おく。
2. たけのこは、穂先はくし形切りに、中央部から根元は輪切りにして、小さく放射状に切る。油揚げは熱湯をまわしかけて油抜きをし、細切りにする。
3. フライパンにオリーブオイルを熱し、放射状に切ったたけのこを両面焼く。
4. 米をざるにあけて水けをきり、土鍋に入れる。米と同量の水、Aを入れ、たけのこと油揚げを加えて軽く混ぜ、強火にかける。沸騰寸前に昆布を取り出し、沸騰したらふたをして弱火で10分程炊く。火を止め、10分程蒸らす。

Spring

セロリときゅうりの香味あえ

お手軽さ ● ● ●
食べごたえ ● ● ●
保存しやすさ ● ● ●

□ 材料 [2人分]

セロリ（内側のもの）— 2本（120g）
きゅうり — 1本
A｜しょうが（みじん切り）— 1かけ分
　｜にんにく（すりおろし）— ½かけ分
　｜赤唐辛子（小口切り）— 1本分
　｜ごま油 — 小さじ2
　｜塩 — 小さじ½
　｜砂糖 — 小さじ¼
　｜鶏ガラスープの素、こしょう
　｜　— 各少々

□ 作り方

1. セロリは筋を取り、細めの乱切りにする。きゅうりはヘタを切り落として縦半分に切り、スプーンの先で種を掻き出して取り除き、セロリの大きさに合わせて手でちぎる。
2. ボウルにAを合わせてよく混ぜ、1を加えてあえる。味をみて、足りなければ塩（分量外）で味を調える。

セロリとしらすの炒めもの

お手軽さ ・・・
食べごたえ ・・
保存しやすさ ・・

□ 材料 [2人分]
- セロリ — 1本(150g)
- しらす — 50g
- しょうゆ — 小さじ1
- 塩 — 少々
- ごま油 — 小さじ1

□ 作り方
1. セロリは茎と葉にわけ、茎は筋を取り、5mm角に切る。葉は粗く刻む。
2. フライパンにごま油を熱し、セロリの茎、しらすを入れて炒める。全体に油がまわったらしょうゆ、塩を入れ、セロリの葉を加えてさっと炒める。

Spring

セロリと春雨の蒸し焼き

お手軽さ ・・・
食べごたえ ・・
保存しやすさ ・・

材料 [2人分]

- セロリ — 1本 (150g)
- 干しえび — 大さじ1
- 湯 — ½カップ
- 春雨 — 50g
- A
  - ナンプラー、ごま油 — 各大さじ1
  - オイスターソース — 小さじ1
  - 砂糖 — 小さじ½

作り方

1. セロリは筋を取り、斜め薄切りにする。葉はざく切りにする。干しえびは分量の湯につけて30分おき、粗く刻む（戻し汁も使用する）。春雨は湯（分量外）で戻し、水けをきる。
2. フライパンにセロリの葉以外の1（干しえびの戻し汁も含む）、Aを入れて火にかける。ふつふつしてきたらふたをして弱火にし、8分程蒸し焼きにする。ふたをあけてセロリの葉を加え、水分をとばすように炒める。

セロリとえびの水餃子

お手軽さ　食べごたえ　保存しやすさ

材料 [2人分]

- セロリ — 1本（150g）
- むきえび — 150g
- 豚ひき肉 — 60g
- 塩 — 小さじ2/3
- A｜しょうが（すりおろし）— 1かけ分
  　｜ごま油 — 少々
- 餃子の皮（大判サイズ）— 20枚
- しょうゆ、黒酢、こしょう — 各適量

作り方

1. セロリは筋を取り、みじん切りにする。葉も粗みじんに切る。塩少々（分量外）をふって5分程おき、水けをしぼる。えびは包丁でたたいて粗みじんに切る。
2. 豚肉に塩を加えて混ぜ、1とAを加えてよくこねる。20等分にして餃子の皮の中央にのせ、ふちに水をつけて半分に折りたたむ。両端に水をつけて丸くなるようにくっつける。
3. 鍋に湯を沸かし、2をゆでる。浮いてきたら3分程ゆで、ゆで汁とともに器に盛る。しょうゆ、黒酢、こしょうをそえる。

Spring

まるごとにんにく入りアヒージョ

- お手軽さ
- 食べごたえ
- 保存しやすさ

□ 材料 [2人分]

にんにく — 1個
えび(ブラックタイガー) — 8尾
マッシュルーム(ホワイト・ブラウン)
　— 計6個
A ｜ 塩 — 小さじ½
　｜ 赤唐辛子 — 1本
　｜ ローズマリー — 2〜3枝
オリーブオイル — 大さじ6

□ 作り方

1. にんにくは皮をむき、1かけはみじん切りにする。残りは粒のまま耐熱容器に入れ、ふんわりとラップをかけて電子レンジで30秒加熱する。えびは殻をむいて背ワタを取る。マッシュルームはハケで汚れを落とす。
2. 小鍋ににんにく、オリーブオイルを入れて弱火にかける。粒のにんにくに竹串がすっと通るまで煮えたら、A、えびを入れる。えびの色が変わったらマッシュルームを加えて2分程煮る。

春の豆のにんにく炒め

お手軽さ ・・・
食べごたえ ・・・・
保存しやすさ ・・・・

材料 [2人分]

- にんにく — 3かけ
- いんげん、絹さや — 計100g
- ベーコン — 1枚
- 塩 — 少々
- レモン（くし形切り）— 1切れ
- オリーブオイル — 大さじ1

作り方

1. にんにくは皮をむき、半分に切って芽を取る。いんげんは長さを半分に切る。絹さやは筋を取る。ベーコンは5㎜幅に切る。
2. フライパンにオリーブオイル、にんにくを入れて弱火で熱し、にんにくをじっくり焼く。両面焼き色がついたら、いんげん、ベーコンを入れて1分程炒める。絹さやを加えてさっと炒め、塩をふる。器に盛り、レモンをそえる。

Spring

牛肉とクレソンのガーリックライス

お手軽さ ●●●
食べごたえ ●●●●
保存しやすさ ●●

□ 材料 [2人分]

にんにく — 2かけ
牛こま切れ肉 — 100g
クレソン — 1束
ごはん — 400g
塩、黒こしょう — 各適量
オリーブオイル — 大さじ1
バター — 5g

□ 作り方

1. にんにくは1かけ分を薄切り、残りをみじん切りにする。牛肉は粗く刻む。クレソンは5mm幅に切る。
2. フライパンにオリーブオイルと薄切りにしたにんにくを入れて弱火にかけ、にんにくが色づいてきたらキッチンペーパーに取り出す。牛肉、みじん切りにしたにんにくを入れて炒め、色が変わったらごはんを加えて炒める。バターを加え、塩、黒こしょうで味を調えて火を止め、クレソンを加えてさっと混ぜる。器に盛り、取り出しておいたにんにくチップをのせる。

にんにくと豚の角煮

材料 [2人分]

- にんにく ― 1個
- 豚バラ肉（ブロック）― 350g
- 塩 ― 小さじ½
- しょうが ― 1かけ
- A
  - 水 ― 2カップ
  - 酒 ― ¼カップ
  - 砂糖 ― 大さじ½
- しょうゆ ― 大さじ2
- ゆで卵 ― 2個
- 水溶き葛粉（または水溶き片栗粉）― 適量
- 芽ねぎ ― 適宜

作り方

1. にんにくは皮をむく。豚肉は6等分に切り、塩をもみこむ。しょうがは皮をむき（皮も残しておく）、薄切りにする。
2. 鍋に豚肉としょうがの皮、かぶるくらいの水（分量外）を入れて火にかけ、沸いたら弱火にし、ふたをして30分ゆでる。ゆで汁、しょうがの皮を捨て、A、しょうがの薄切りを入れ、ふたをして30分煮る。
3. にんにく、しょうゆを加え、落しぶたをしてさらに30分煮る。ゆで卵を加え、火を止めてそのまま冷ます。器に盛り、鍋に残った煮汁を軽く沸かし、水溶き葛粉でとろみをつけてかける。お好みで芽ねぎをそえる。

サニーレタスの韓国風サラダ

お手軽さ ● ● ●
食べごたえ ● ●
保存しやすさ ●

□ 材料 [2人分]

サニーレタス — 4〜5枚
長ねぎ — ½本
大葉 — 4枚
A ｜ごま油、しょうゆ — 各小さじ2
　｜白すりごま、コチュジャン
　｜　— 各小さじ½
　｜米酢 — 少々
韓国のり — 適量

□ 作り方

1. サニーレタスは食べやすくちぎる。長ねぎは縦半分に切り、斜め薄切りにする。1分程水にさらし、よく水けをきる。大葉は細かくちぎる。
2. 大きめのボウルにAを入れてよく混ぜ、1を加えてあえる。韓国のりをちぎって加え、さっとあえる。

湯引きレタス

お手軽さ・食べごたえ・保存しやすさ

材料 [2人分]

レタス — 1玉
A │ オイスターソース — 大さじ1
  │ しょうゆ、酒 — 各大さじ½
  │ 砂糖 — ひとつまみ
お好みの油（米油使用）— 大さじ1
ごま油 — 小さじ½

作り方

1. レタスは芯をつけたまま4等分のくし形に切り、よく洗って水けをきる。
2. 鍋に湯を沸かして油を加え、レタスをひと固まりずつさっとゆでてざるに取り、水けをきる。芯を切り落として器に盛る。
3. *A* を耐熱容器に入れ、電子レンジで50秒程加熱して沸かす。沸騰が落ち着いたらごま油を加えて混ぜ、*2* にかける。

Spring

ほたて入り焼きロールレタス

□ 材料 [2人分]

レタス(外側のもの) — 6枚
ミニトマト — 10個
ほたて貝柱 — 8個
鶏ひき肉 — 200g
塩 — 小さじ½
卵 — 1個
片栗粉 — 大さじ1
白ワイン — 大さじ2
A │ 生クリーム — 大さじ6
  │ 水 — 大さじ3
オリーブオイル — 少々

□ 作り方

1. レタスは手で押さえるように芯をつぶしてのばし、うち2枚は半分に切る。ミニトマトはヘタを取り、半分に切る。ほたて貝柱はさいの目に切る。
2. 鶏肉に塩を加えてよくこね、ほたて貝柱と溶き卵を加えて混ぜる。
3. レタス1枚と半分を重ねて広げ、手前半分に片栗粉を茶こしで薄くふる。2を4等分にして手前にのせ、両端を折り込んでくるくると巻く。同じようにあと3個作る。
4. フライパンにオリーブオイルを熱し、3の巻き終わりを下にして並べ入れる。白ワインを加え、ふたをして5分蒸し焼きにする。レタスがはがれないようにそっと裏返し、ふたをしてさらに3分蒸し焼きにする。Aとミニトマトを加えて2分程煮詰める。

レタスと豚肉のしゃぶしゃぶ鍋

お手軽さ ・・・
食べごたえ ・・
保存しやすさ ・

□ 材料 [2人分]

レタス — 1玉
豚バラ肉（しゃぶしゃぶ用）— 200g
A | 水 — 2〜3カップ
　| 酒 — 大さじ2
　| 昆布 — 5cm角1枚
　| にんにく、しょうが — 各1かけ
塩、しょうゆ、ごま油 — 各適量

□ 作り方

1. レタスは芯を取り、4等分に手で割る。Aのにんにくは包丁の腹でつぶし、しょうがは薄切りにする。
2. 鍋にAを入れて火にかけ、ぐらぐらしてきたら沸騰させないように弱火にする。豚肉を1枚ずつ広げ入れ、アクを取り除く。豚肉を鍋の中央に寄せ、周りにレタスを入れて出汁にくぐらせる。塩、しょうゆ、ごま油で味を調える。

Spring

春キャベツ + セロリ + グレープフルーツ

水分が多い春キャベツは、ジュースにぴったり。キャベツの甘みとセロリの香りを、グレープフルーツでさっぱりまとめました。ミントはマドラーでつぶして。

□ 材料 [約300mℓ分]

春キャベツ — 2枚 (100g)
セロリ — 1/5本 (30g)
グレープフルーツ (しぼる) — 1/2個 (1/2カップ)
はちみつ — 小さじ1
水 — 1/4〜1/2カップ
ミント — 適量

□ 作り方

キャベツ、セロリはざく切りにする。しぼったグレープフルーツ、はちみつ、水1/4カップを加えてハンドミキサーで撹拌する。お好みの濃度になるまで水を足して撹拌し、グラスにそそいでミントをのせる。

Summer

夏の旬野菜

アスパラガスと新じゃがのグリル

お手軽さ ・・・
食べごたえ ・・・
保存しやすさ ・・・

□ 材料[2人分]

アスパラガス ― 5本
新じゃがいも(小) ― 4個
アンチョビフィレ ― 2枚
黒オリーブ(種抜き) ― 5粒
オリーブオイル ― 大さじ1

□ 作り方

1. アスパラガスははかまを取り、根元から7㎝程までピーラーで薄く皮をむく。根元を1㎝程切り落とし、5㎝幅に切る。新じゃがいもは皮付きのままよく洗い、ラップで包んで電子レンジで3分程加熱し、半分に切る。
2. アンチョビはみじん切りに、黒オリーブは輪切りにする。
3. フライパンにオリーブオイルを熱し、1を入れて弱火でじっくり焼く。焼き色がついたら火を止め、2を加えてさっと混ぜる。

アスパラガスの焼き浸し

お手軽さ ・・・
食べごたえ ・・
保存しやすさ ・・

材料 [2人分]

- アスパラガス — 5本
- 水 — 大さじ1
- A
  - かつお昆布出汁 — 1カップ
  - しょうゆ — 小さじ½
  - 塩 — 小さじ¼
- かつおぶし — 適宜
- お好みの油(米油使用) — 小さじ½

作り方

1. アスパラガスははかまを取り、根元から7cm程までピーラーで薄く皮をむく。根元を3cm程切り落とし、3等分に切る。
2. フライパンに油を熱し、アスパラガスの穂先以外を入れて30秒程転がすように焼く。穂先を加えて全体に油をなじませ、水を加えて蒸気で蒸すように焼く。水分がなくなってきたらボウルに移し、Aをそそぐ。氷水にあてて粗熱を取り、冷蔵庫に入れて冷やす。器に盛り、お好みでかつおぶしをのせる。

Summer

アスパラガスとりんごの豚バラ巻き

お手軽さ ・・・
食べごたえ ・・・
保存しやすさ ・・・

□ 材料[2人分]

アスパラガス — 4本
りんご — ¼個
豚バラ薄切り肉 — 6枚
片栗粉 — 適量
塩 — 少々

□ 作り方

1. アスパラガスははかまを取り、根元から7㎝程までピーラーで薄く皮をむく。根元を1㎝程切り落とし、長さを3等分に切る。りんごは皮をむいて芯を除き、7㎜程に細く切る。
2. 豚肉は半分に切って広げ、片栗粉を薄くまぶす。1のアスパラガスとりんご1/12量をのせてきつく巻きつける。これを12個作り、塩をふる。
3. フライパンを熱し、2の巻き終わりの面を下にして並べる。焼けたら裏返し、油が出てきたらこまめにキッチンペーパーでふき取る。側面も転がしながら焼き付け、全面をこんがりと焼く。

アスパラガスとマッシュルームの炊き込みごはん

- お手軽さ ・・・
- 食べごたえ ・・・
- 保存しやすさ ・・

材料 [2人分]

- 米 — 1合
- アスパラガス — 5本
- マッシュルーム — 1パック
- A
  - 水 — 1カップ
  - しょうが(すりおろし) — 1かけ分
  - 塩 — 少々
- 桜えび(乾燥) — 適量
- オリーブオイル — 大さじ1

作り方

1. 米は研いでざるにあけ、水けをきっておく。アスパラガスははかまを取り、根元から7㎝程までピーラーで薄く皮をむく。根元を1㎝程切り落とし、2㎝長さに切る。マッシュルームは4等分に切る。
2. フライパンにオリーブオイルを熱し、マッシュルームを炒める。薄く焼き色がついたらアスパラガス、米を加えて炒め、全体に油がまわったらAを加える。沸騰したらふたをして弱火にし、12分炊く。火を止め、10分程そのまま蒸らして器に盛る。
3. 別のフライパンを熱し、桜えびを入れて乾煎りする。香りが立ってきたら、2にかける。

Summer

ミニトマトのハニーピクルス

お手軽さ

食べごたえ

保存しやすさ

□ 材料 [2人分]

ミニトマト ― 1パック(250g)
セロリの葉 ― 適量
A │ 米酢、水 ― 各½カップ
  │ はちみつ ― 大さじ2
  │ 塩 ― 小さじ½

□ 作り方

1. ミニトマトはヘタを取り、湯むきする。セロリの葉は5cm幅に切る。
2. 鍋にAを合わせて1〜2分沸かし、保存容器に移す。セロリの葉を入れて冷ます。
3. 2が常温になったらミニトマトを加え、セロリの葉をかぶせるように上にのせて冷蔵庫で冷やす。

焼きトマトとモッツァレラチーズのバゲット

お手軽さ ・・・
食べごたえ ・・
保存しやすさ ・

材料 [2人分]

- トマト — 1個
- モッツァレラチーズ — ½個
- バゲット — 10cm
- 塩 — 適量
- オリーブオイル — 適量
- 黒こしょう — 少々

作り方

1. トマトはヘタを取り、4等分の輪切りにする。モッツァレラチーズも4等分の輪切りにする。バゲットは2.5cm幅に切る。
2. トマトの両面に塩をふり、並べたバゲットの上に1枚ずつのせる。オリーブオイルをまわしかけて10分程おき、トマトの水分をバゲットに吸わせる。
3. フライパンを熱し、2のバゲットとトマトをそれぞれ両面焼いて、トマトをバゲットの上に戻す。フライパンの端でモッツァレラチーズを両面さっと焼いてトマトの上にのせ、黒こしょうをふる。

Summer

トマトのポタージュ

- お手軽さ
- 食べごたえ
- 保存しやすさ

□ 材料 [2人分]

トマト(大) — 2個(400g)
玉ねぎ — ½個
セロリ — ½本
砂糖 — 小さじ1
塩 — 小さじ⅔
水 — 1カップ
オリーブオイル、ベビーリーフ
　— 各適宜

□ 作り方

1. トマトはヘタを取り、ざく切りにする。玉ねぎは薄切り、セロリは小口切りにする。
2. 鍋にオリーブオイル大さじ1を熱し、玉ねぎ、セロリを入れて炒める。しんなりしてきたらトマト、砂糖、塩を加えてさらに炒める。トマトが煮崩れてきたら水を加え、弱火で15分煮る。
3. 2の粗熱を取り、ハンドミキサーでなめらかになるまで撹拌し、塩が足りなければ足す。器にそそぎ、お好みでオリーブオイルをたらしてベビーリーフを飾る。

トマトと卵の オイスターソース炒め

お手軽さ ●●●
食べごたえ ●●●●
保存しやすさ ●

□ 材料[2人分]

トマト ― 2個
わけぎ ― 1〜2本
卵 ― 2個
塩 ― ひとつまみ
A｜オイスターソース、しょうゆ ― 各小さじ1
オリーブオイル ― 適量

□ 作り方

1. トマトはヘタを取って湯むきし、くし形に切る。わけぎは4cm幅に切る。卵はボウルに割って溶き、塩を加える。
2. フライパンにオリーブオイルを熱し、溶き卵を入れる。大きく混ぜ、半熟の状態でボウルに戻す。フライパンにトマト、わけぎ、Aを入れて炒め、わけぎがしんなりしたら卵を戻してさっと炒める。

Summer

焼きパプリカとアボカドのナムル

お手軽さ ・・・
食べごたえ ・・・
保存しやすさ ・・・

□ 材料[2人分]

パプリカ(赤・黄) — 各1個
A │ ごま油 — 大さじ1
  │ 塩 — ひとつまみ
  │ しょうゆ、にんにく(すりおろし)
  │ — 各少々
アボカド — ½個
大葉(せん切り) — 3枚分
しょうゆ、白炒りごま — 各小さじ1

□ 作り方

1. 焼き網を熱してパプリカをのせ、皮全体が真っ黒になるまで焼く。冷水に取って焦げた皮をむく。縦半分に切ってヘタと種を取り、水けをふいて食べやすい大きさに切る。ボウルに入れ、Aであえて冷蔵庫でしばらく冷やす。

2. アボカドは種を取り、スプーンで一口大にすくい取るように皮からはずし、1に加える。大葉、しょうゆ、白炒りごまを加えてあえる。

ピーマンと油揚げの炒め煮

お手軽さ ・・・
食べごたえ ・・・
保存しやすさ ・・・・

□ 材料[2人分]

ピーマン — 3個
油揚げ — 1枚
A｜しょうが(すりおろし) — 1かけ分
　｜水 — ½カップ
　｜酒 — 大さじ1
　｜しょうゆ — 小さじ2
　｜砂糖 — ひとつまみ
お好みの油(米油使用) — 大さじ1

□ 作り方

1. ピーマンは縦4等分に切り、ヘタと種を取る。油揚げはキッチンペーパーではさんで表面の油をふき取り、食べやすい大きさに切る。
2. フライパンを熱し、油揚げを並べ入れる。焼き色がついたら裏返して端によせる。空いたところに油を熱し、ピーマンの皮側を下にして並べ入れる。焼き色がついたら裏返してさっと全体を炒め合わせ、Aを加えて2分煮る。水けが少なくなったら皿に盛る。

Summer

ピーマンと魚肉ソーセージのケチャップ炒め

お手軽さ ●●●
食べごたえ ●●●
保存しやすさ ●●●

□ 材料[2人分]

ピーマン — 3個
玉ねぎ — ½個
魚肉ソーセージ — 1本
A | ケチャップ、酒 — 各大さじ1
　　| しょうゆ — 小さじ1
お好みの油(米油使用) — 適量

□ 作り方

1. ピーマンはヘタと種を取り、縦に細切りにする。玉ねぎは7mm幅の薄切りにする。魚肉ソーセージは縦半分に切り、斜め切りにする。
2. フライパンに油を熱し、玉ねぎ、魚肉ソーセージを入れて炒める。全体に油がまわったらピーマンを加えてさらに炒め、Aを加えてさっと炒める。

ピーマンのふんわり肉詰め

お手軽さ ・・・
食べごたえ ・・・・
保存しやすさ ・・・・

材料 [2人分]

- ピーマン — 5個
- えのきだけ — 1/3袋 (60g)
- 豚ひき肉 — 130g
- 塩 — 小さじ1/2
- A │ 絹豆腐 — 1/2丁 (150g)
  │ 卵 — 1個
- 片栗粉 — 適量
- B │ ケチャップ、中濃ソース、酒
  │ — 各大さじ1
- オリーブオイル — 適量

作り方

1. ピーマンは縦半分に切り、ヘタと種を取る。えのきだけは1cm幅に切ってほぐす。
2. 豚肉に塩を加え、白っぽくなるまでよく混ぜる。えのきだけ、Aを加えてさらに混ぜる。
3. ピーマンの内側に片栗粉を薄くふり、2を詰める。表面にも片栗粉を薄くまぶす。
4. フライパンにオリーブオイルを熱し、3の肉の面を下にして並べ入れる。焼き色がついたら裏返し、ふたをして7分程蒸し焼きにして皿に盛る。
5. フライパンをさっとふき、Bを入れて余熱で温め、4にかける。

Summer

とうもろこしとみょうがのかき揚げ

- お手軽さ
- 食べごたえ
- 保存しやすさ

□ 材料[2人分]

とうもろこし — 1本
みょうが — 1個
A│小麦粉 — 大さじ4
　│片栗粉 — 大さじ½
冷水 — 大さじ1〜2
塩 — 適量
揚げ油(米油使用) — 適量

□ 作り方

1. とうもろこしは粒を包丁でこそげ落とす。みょうがは小口切りにする。
2. ボウルに *1* を合わせ、*A* をまぶす。具材がまとまるように冷水を加えてよく混ぜる。
3. 鍋に油を1cm程熱し、*2* を6等分して、スプーンですくい入れて揚げる。固まったら裏返して両面を揚げる。
4. 器に盛り、塩をそえる。

とうもろこしの冷製豆乳ポタージュ

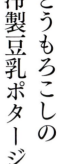

お手軽さ・・
食べごたえ・
保存しやすさ・

□ 材料 [2人分]

- とうもろこし ― 1本
- 水 ― 2カップ
- 豆乳 ― ½カップ
- 塩 ― 小さじ½
- 黒こしょう、チャービル ― 各適宜
- オリーブオイル ― 小さじ2

□ 作り方

1. とうもろこしは半分に折り、粒を包丁でこそげ落とす。芯は取っておく。
2. 鍋にオリーブオイルを熱し、とうもろこしに半量の塩をふって弱火でじっくり炒める。焦がさないように3分程炒め、水、とうもろこしの芯を加えてふたをせずに15分煮る。
3. 2の芯を取り出し、ハンドミキサーでなめらかになるまで撹拌する。豆乳を加えて残りの塩で味を調え、氷水にあてて粗熱を取り、冷蔵庫に入れて冷やす。器にそそぎ、お好みで黒こしょうをふり、チャービルを飾る。

Summer

とうもろこしのチリソテー

お手軽さ／食べごたえ／保存しやすさ

□ 材料[2人分]

とうもろこし — 1本
アボカド — ½個
A｜クミンパウダー — 小さじ¼
　｜チリペッパー(パウダー)、塩 — 各少々
マヨネーズ — 大さじ1
ライム(くし形切り) — ⅙個分
バター — 10g

□ 作り方

1. とうもろこしはよく洗い、ラップで包んで電子レンジで4分程加熱し、そのまま冷ます。手で触れるくらいに冷めたらラップをはずし、粒を包丁でこそげ落とす。アボカドは種を取り、スプーンで一口大にすくい取るように皮からはずす。

2. フライパンにバターを熱し、とうもろこしを入れて炒める。全体に油がまわったら A を入れて炒め、マヨネーズを加えてからめる。火を止めてアボカドを加え、ライムをしぼる。

とうもろこしのズッキーニファルシ

お手軽さ　食べごたえ　保存しやすさ

☐ 材料 [2人分]

とうもろこし ― ½本
ズッキーニ ― 1本
鶏ひき肉 ― 50g
塩 ― 小さじ¼
小麦粉、ピザ用チーズ ― 各適量

☐ 作り方

1. とうもろこしはよく洗い、ラップで包んで電子レンジで4分程加熱し、そのまま冷ます。手で触れるくらいに冷めたらラップをはずし、粒を包丁でこそげ落とす。ズッキーニは縦半分に切り、種の部分をスプーンでくり抜く。
2. ボウルに鶏肉、塩を入れてよく混ぜる。とうもろこしを加えてさらに混ぜる。
3. ズッキーニの内側に小麦粉を薄くまぶし、2を半量ずつ詰めてピザ用チーズをのせる。オーブン皿に入れて、200℃に予熱したオーブンで15分程焼く。

Summer

揚げなすのマリネ

お手軽さ ・・・
食べごたえ ・・
保存しやすさ ・・・・

材料 [2人分]

なす — 3本
パプリカ(赤) — ¼個
A | しょうゆ — 大さじ3
  | 水 — 大さじ2
  | 米酢 — 大さじ1½
  | はちみつ — 小さじ1
  | しょうが(すりおろし) — 1かけ分
  | 赤唐辛子(小口切り) — 1本分
大葉 — 適宜
揚げ油(米油使用) — 適量

作り方

1. なすはヘタを取って縦半分に切り、皮目に斜めに細かく切り込みを入れて半分に切る。塩少々をふって、水けが出たらキッチンペーパーでしっかりとふき取る。パプリカは乱切りにする。
2. 鍋に油を180℃に熱し、1を揚げて油をきる。
3. 保存容器にAを合わせて2を熱いうちに漬け、粗熱が取れたら冷蔵庫で1時間程冷やす。お好みで大葉をちぎって加える。

揚げない麻婆なす

お手軽さ ・・・
食べごたえ ・・・
保存しやすさ ・・

材料 [2人分]

- なす — 3本
- 豚ひき肉 — 150g
- 長ねぎ(みじん切り) — ½本分
- A
  - しょうが、にんにく(みじん切り) — 各1かけ分
  - 豆板醤 — 小さじ1
- B
  - 水 — 1カップ
  - しょうゆ、酒 — 各大さじ1
  - 味噌 — 大さじ½
  - 砂糖 — 小さじ1
  - こしょう — 少々
- 水溶き片栗粉 — 適量
- ごま油 — 大さじ1

作り方

1. なすはヘタを取り、縞目に皮をむいて乱切りにする。耐熱容器に入れてラップをかけ、電子レンジで5分程、なすがしんなりするまで加熱する。
2. フライパンにごま油を熱し、豚肉を入れる。焼き色がついたら裏返してほぐすように炒め、Aを加えてさらに炒める。香りが立ってきたら1、長ねぎ、Bを加えて混ぜる。水溶き片栗粉をまわし入れ、煮立たせてとろみをつける。

Summer

冷やしなすそうめん

お手軽さ ●●
食べごたえ ●●●●
保存しやすさ ●

□ 材料[2人分]

なす — 2本
A | めんつゆ(ストレート) — 2人分
  | 梅干し(種を除いて包丁でたたく)
  | — 2個分
そうめん — 2人分
大葉(せん切り) — 適宜

□ 作り方

1. なすはヘタを取り、ピーラーで皮をむく。さっと水にくぐらせて1本ずつラップに包み、電子レンジで3分程、なすがしんなりするまで加熱する。粗熱が取れたら細く裂き、Aに加えて冷蔵庫で冷やす。
2. 鍋に湯を沸かし、そうめんを袋の表示通りにゆでて冷水でよく洗う。
3. 器に2を入れ、1をかける。お好みで大葉をのせて氷を浮かべる。

なすトマトベーコンのオーブン焼き

お手軽さ ・・・
食べごたえ ・・
保存しやすさ ・

□ 材料[2人分]

なす ― 3本
トマト ― 2個
ベーコン ― 3枚
A｜パン粉 ― 大さじ5
　｜オリーブオイル、粉チーズ
　｜　― 各大さじ1
　｜イタリアンパセリ（みじん切り）
　｜　― 2枝分
中濃ソース ― 適宜

□ 作り方

1. なすはヘタを取り、7mm幅に切る。トマトはヘタを取って7mm幅の半月切りにする。ベーコンは4cm幅に切る。
2. 耐熱容器に1を交互に並べ入れ、合わせたAをのせる。
3. 230℃に予熱したオーブンに入れて、15分程パン粉に焼き色がつくまで焼く。途中で焦げそうになったら温度を下げるか、アルミホイルをかぶせる。お好みでソースをつけながら食べる。

Summer

オクラとひじきの
ナンプラー白あえ

お手軽さ　食べごたえ　保存しやすさ

□ 材料[2人分]

オクラ ― 10本
芽ひじき(乾燥) ― 7g
木綿豆腐 ― 200g
白炒りごま ― 大さじ1
A ｜ しょうゆ、ナンプラー ― 各小さじ½
　　塩 ― ひとつまみ
ごま油 ― 小さじ2

□ 作り方

1. オクラは塩少々(分量外)をふり、うぶ毛をこすり取る。ヘタの先を少し切り落としてガクの部分をぐるりとむく。芽ひじきは水で戻し、よく洗って水けをきる。
2. 木綿豆腐はキッチンペーパーで包み、電子レンジで40秒加熱してよく水けをきる。
3. 鍋に湯を沸かし、オクラを1分30秒程ゆでてざるにあける。粗熱が取れたら1cm幅に切る。
4. フライパンにごま油を熱し、芽ひじきを1〜2分炒める。
5. すり鉢に白炒りごまを入れてすり、2とAを入れてする。3と4を加えてあえる。

オクラとえびとトマトの炒めもの

お手軽さ ・・・
食べごたえ ・・
保存しやすさ ・

材料[2人分]

オクラ ― 10本
えび（ブラックタイガー）― 10尾
トマト ― 1個
塩、黒こしょう ― 各適量
オリーブオイル ― 大さじ1

作り方

1. オクラは塩少々（分量外）をふり、うぶ毛をこすり取る。ヘタの先を少し切り落としてガクの部分をぐるりとむき、斜め半分に切る。えびは殻をむき、背中を切って背ワタを取る。トマトはヘタを取り、一口大の乱切りにする。
2. フライパンにオリーブオイルの半量を熱し、えびを入れて炒める。色が変わったら一度取り出す。フライパンをさっとふいて残りのオリーブオイルを熱し、オクラを入れて4～5分炒める。オクラがくったりしたらえびを戻し入れ、トマトを加えてさっと炒める。塩、黒こしょうで味を調える。

Summer

オクラとゆで鶏のマスタードソース

お手軽さ ● ● ●
食べごたえ ● ● ●
保存しやすさ ● ● ●

□ 材料 [2人分]

オクラ — 8本
鶏むね肉 (皮なし) — 1枚 (200g)
しょうがの皮 (あれば) — 適量
A | 鶏のゆで汁 — 大さじ1
　| マスタード — 小さじ1
　| 塩 — 小さじ1/5

□ 作り方

1. オクラは塩少々 (分量外) をふり、うぶ毛をこすり取る。ヘタの先を少し切り落としてガクの部分をぐるりとむく。鍋に湯を沸かしてオクラを1分30秒程ゆでてざるにあける。粗熱が取れたら斜め半分に切る。
2. 鍋に鶏肉、しょうがの皮、かぶるくらいの水を入れて火にかける。沸騰したら弱火にして12分ゆで、そのまま冷ます。手で触れるくらいまで冷めたら鍋から取り出し、手で食べやすい大きさにさく。
3. 1と2を器に盛り、よく混ぜ合わせたAをかける。

●この本をどこでお知りになりましたか?(複数回答可)
1. 書店で実物を見て　　　　　2. 知人にすすめられて
3. テレビで観た(番組名:　　　　　　　　　　　　　　)
4. ラジオで聴いた(番組名:　　　　　　　　　　　　　)
5. 新聞・雑誌の書評や記事(紙・誌名:　　　　　　　　)
6. インターネットで(具体的に:　　　　　　　　　　　)
7. 新聞広告(　　　　　新聞)　8. その他(　　　　　　)

●購入された動機は何ですか?(複数回答可)
1. タイトルにひかれた　　　　2. テーマに興味をもった
3. 装丁・デザインにひかれた　4. 広告や書評にひかれた
5. その他(　　　　　　　　　　　　　　　　　　　　)

●この本で特に良かったページはありますか?

●最近気になる人や話題はありますか?

●この本についてのご意見・ご感想をお書きください。

以上となります。ご協力ありがとうございました。

郵便はがき

150-8482

東京都渋谷区恵比寿4-4-
えびす大黒ビ
ワニブックス 書籍編集部

お手数ですが切手をお貼りください

──── お買い求めいただいた本のタイトル ────

本書をお買い上げいただきまして、誠にありがとうございます。
本アンケートにお答えいただけたら幸いです。
ご返信いただいた方の中から、
抽選で毎月5名様に図書カード(1000円分)をプレゼントします

ご住所　〒
TEL (　　-　　-　　)
(ふりがな) お名前
ご職業　　　　　年齢　　歳　　性別　男・女

いただいたご感想を、新聞広告などに匿名で
使用してもよろしいですか？　（はい・いいえ）

※ご記入いただいた「個人情報」は、許可なく他の目的で使用することはありません。
※いただいたご感想は、一部内容を改変させていただく可能性があります。

オクラとチーズ白玉のスープ

お手軽さ ●●●
食べごたえ ●●●●
保存しやすさ ●●

□ 材料 [2人分]

オクラ ― 6本
ベーコン ― 2枚
モッツァレラチーズ ― 25g
白玉粉 ― 60g
水 ― ¼カップ
A│水 ― 1½カップ
 │顆粒コンソメスープの素
 │ ― 小さじ1
レモン（輪切り）― 1枚
オリーブオイル ― 小さじ1

□ 作り方

1. オクラは塩少々をふり、うぶ毛をこすり取る。ヘタの先を少し切り落としてガクの部分をぐるりとむき、3等分に乱切りにする。ベーコンは1cm幅に切る。モッツァレラチーズは8等分に切る。
2. 白玉粉に水を加え、まとまるまでこねる。8等分にして、手のひらで丸くつぶし、中央にモッツァレラチーズをのせて包むように丸める。同様にあと7個作る。
3. 鍋に湯を沸かし、2を入れる。3〜4分ゆでて冷水に取る。
4. 鍋にオリーブオイルを熱し、ベーコンを炒める。Aを入れて沸かし、オクラを入れて1分程煮る。3の白玉と4等分にしたレモンを加えてさらに1分煮る。

Summer

蒸し焼き枝豆

お手軽さ ●●●
食べごたえ ●●
保存しやすさ ●●

□ 材料 [2人分]

枝豆（さや付き） — 150g
塩 — 大さじ1
A | 水 — ½カップ
　| しょうゆ — 小さじ1
　| 砂糖 — ひとつまみ
ごま油 — 小さじ1

□ 作り方

1. 枝豆は塩をふり、やさしくこすり合わせてうぶ毛を取る。とがっている方を切り落とし、水で洗ってざるにあける。
2. フライパンにごま油を熱し、枝豆を重ならないように広げて入れる。両面に焼き色がついたらAを加え、ふたをして5分程蒸し焼きにする。ふたをあけて水分をとばす。

枝豆葛豆腐

お手軽さ／食べごたえ／保存しやすさ

材料[2人分]

枝豆（さや付き） — 150g
昆布出汁 — 1½カップ
本葛粉 — 20g
塩 — 小さじ¼

作り方

1. 枝豆は塩（分量外）をふり、やさしくこすり合わせてうぶ毛を取る。鍋に湯を沸かして枝豆を入れ、沸騰しない程度の火加減で10分ゆでる。ざるにあけて粗熱を取り、さやから出して薄皮を取り除く。飾り用に4粒残し、残りを半量の出汁とともにハンドミキサーでなめらかになるまで撹拌する。

2. 鍋に残りの出汁と葛粉を入れて溶き、弱火にかける。塩を加え、底が焦げつかないように木べらで混ぜ続ける。透明感が出てきてぽってりととろみがついたら1を加えてよく混ぜ、ボウルに流し入れる。粗熱が取れたら冷蔵庫で冷やす。固まったらスプーンですくって器に盛り、飾り用の枝豆をのせる。

Summer

枝豆とパルミジャーノのリゾット

お手軽さ ・・・
食べごたえ ・・・
保存しやすさ ・・

□ 材料 [2人分]

枝豆（さや付き）— 100g
玉ねぎ — 1/6個
米 — 1合
白ワイン — 1/4カップ
塩 — 小さじ1/4
水 — 2 1/2カップ
パルミジャーノレッジャーノ
　（なければ粉チーズ）— 適量
生ハム、黒こしょう — 各適宜
オリーブオイル — 大さじ2

□ 作り方

1. 枝豆は水でよく洗い、塩（分量外）をまぶす。鍋に湯を沸かして枝豆を入れ、再度沸いたら弱火にして5分ゆでる。ざるにあけて粗熱を取り、さやから出して薄皮をむく。玉ねぎはみじん切りにする。

2. フライパンにオリーブオイルを熱し、玉ねぎを入れて炒める。玉ねぎが透き通ってきたら米を加えて炒め、全体に油がまわったら白ワインを加えて1分程煮立たせてアルコールをとばす。塩と水1カップを加えて、ときどき混ぜながら煮詰める。水分が少なくなってきたら水1カップを加えて同じように煮詰める。水1/2カップを加えてさらに煮詰め、芯が少し残る程度になるまで繰り返す。

3. 枝豆と削ったパルミジャーノレッジャーノを加え、塩（分量外）で味を調える。器に盛ってお好みで生ハムをのせ、黒こしょうと削ったパルミジャーノレッジャーノをかける。

ずんだ豆乳アイス

お手軽さ ●●●
食べごたえ ●●●
保存しやすさ ●●●

□ 材料 [2人分]

枝豆 (さや付き) ― 150g
A ｜ 豆乳 ― ½カップ
　｜ はちみつ ― 大さじ1
生クリーム ― ½カップ
砂糖 ― 大さじ2

□ 作り方

1. 枝豆は水でよく洗い、塩をまぶす。鍋に湯を沸かして枝豆を入れ、再度沸いたら弱火にして10分ゆでる。ざるにあけて粗熱を取り、枝豆をさやから出して薄皮をむく。枝豆とAを合わせ、ハンドミキサーでなめらかになるまで撹拌する。
2. ボウルに生クリームと砂糖を入れ、ボウルの底を氷水にあてながら角が立つまでしっかり泡立てる。
3. 2に1を加えてよく混ぜ、保存容器に入れて冷凍庫で1〜2時間冷やす。フォークで全体をかき混ぜて空気を含ませ、平らにならしてさらに冷凍庫で冷やし固める。これを2〜3回繰り返す。

Summer

旬の飲みもの
Summer

トマト
＋
スイカ
＋
レモン

トマトとスイカは、どちらも水分が多く、熱を下げてくれる夏の代表野菜です。塩をひとつまみ加えると味がぎゅっと引きしまります。レモンは皮付きのまま入れると、香りがより一層引き立ちます。

□ 材料 [約250㎖分]

トマト（ヘタを取る）— 1個(150g)
スイカ（種を取る）— 6cm角(120g)
塩 — ひとつまみ
レモン（輪切り）— 1枚

□ 作り方

トマト、スイカはざく切りにする。塩を加え、ハンドミキサーで撹拌する。グラスにそそぎ、レモンを浮かべる。

Autumn

秋の旬野菜

お手軽さ ● ● ●
食べごたえ ● ● ●
保存しやすさ ● ● ●

かぼちゃのグリル

□ 材料 [2人分]

かぼちゃ — ¼個
にんにく — 2かけ
ローズマリー — 3〜4枝
塩 — 少々
オリーブオイル — 大さじ3

□ 作り方

1. かぼちゃは種とわたをスプーンで取り除き、横半分にしてから1cm幅に切る。にんにくは1mm幅に切り、芽を取り除く。
2. フライパンにオリーブオイル、にんにく、ローズマリーを入れて弱火にかける。香りが立ってきたらローズマリーを取り出し、かぼちゃを並べ入れて両面をじっくり焼く。途中、にんにくはきつね色になったら取り出す。
3. 器にかぼちゃを盛って塩をふり、ローズマリーとにんにくをのせる。

かぼちゃとレンズ豆のカレー煮

お手軽さ ・・・
食べごたえ ・・・・
保存しやすさ ・・・・

□ 材料 [2人分]

- かぼちゃ ― ¼個
- ウインナー ― 6本
- レンズ豆 ― ½カップ
- にんにく (みじん切り) ― 1かけ分
- カレー粉 ― 小さじ½
- A | 水 ― 2カップ
  | 塩 ― 小さじ⅕
- イタリアンパセリ (みじん切り) ― 3〜4枝分
- オリーブオイル ― 大さじ1

□ 作り方

1. かぼちゃは種とわたを取り、ところどころ皮をむいて一口大に切る。ウインナーは半分に切る。レンズ豆は水洗いしてざるにあける。
2. 鍋にオリーブオイル、にんにくを入れて火にかけ、香りが立ってきたらかぼちゃ、ウインナーを入れて炒める。全体に油がまわったらカレー粉を加えて炒める。カレー粉が油になじんだら、レンズ豆、Aを加えてひと煮立ちさせ、ふたをして弱火で15分程煮る。かぼちゃがやわらかく煮えたらふたを取り、汁けをとばす。火を止めてイタリアンパセリをふる。

Autumn

かぼちゃとほうれん草のグラタン

お手軽さ ••••
食べごたえ ••••
保存しやすさ ••

□ 材料 [2人分]

- かぼちゃ — ¼個
- ほうれん草 — ⅓束 (100g)
- しめじ — 1パック (100g)
- 塩 — 少々
- 小麦粉 (ふるう) — 大さじ3
- 牛乳 — 2½カップ
- ピザ用チーズ — 適量
- オリーブオイル — 大さじ1
- バター — 30g

□ 作り方

1. かぼちゃは種とわたを取り、横に3〜4等分にしてから1.5cm幅に切る。ほうれん草は4cm幅に切る。しめじは石づきを取って小房にわける。
2. フライパンにオリーブオイルを熱し、かぼちゃとしめじを炒める。しめじがしんなりしてきたらほうれん草を加えてさっと炒め、塩をふる。
3. 鍋にバターを熱して溶かし、弱火にして小麦粉を加え、木べらで混ぜながら2〜3分炒める。小麦粉がバターになじんだら、牛乳を一気に加えて中火にし、全体をよく混ぜる (ダマが残るようなら、泡立て器でかき混ぜる)。とろみがついたら*2*を加えて混ぜ、耐熱皿に移してピザ用チーズを全体にかける。
4. 230℃に予熱したオーブンで15分程、チーズがこんがりするまで焼く。

かぼちゃのプリン

お手軽さ・食べごたえ・保存しやすさ

材料 [パウンド型1台分]

- かぼちゃ — ¼個
- A
  - 砂糖 — 大さじ3
  - 水 — 大さじ1
- 湯 — 大さじ1
- 卵 — 2個
- 砂糖 — 40g
- 牛乳 — 1カップ
- 塩 — ひとつまみ
- 生クリーム、シナモンパウダー — 各適宜

作り方

1. かぼちゃは種とわたを取る。鍋に皮を下にして入れ、2cmの水(分量外)を加えふたをして20分蒸す。竹串がすっと通るまで蒸したら湯を捨て、皮からこそげ取ってすりつぶす。
2. 小鍋にAを入れ火にかける。沸々と端が茶色く色づいたら鍋を回し、全体が茶色になったら火からおろして向こうに傾け、手前から湯を加える。へらでなじませ、熱いうちに型に流し入れる。粗熱を取り、冷蔵庫で冷やす。
3. ボウルに卵、砂糖を入れて泡立て器でよく混ぜる。牛乳は耐熱容器に入れ、電子レンジで沸騰しない程度に1分20秒程温め、ボウルに加える。1、塩を加えて混ぜ、ざるでこす。
4. 2の型に3を流し入れる。オーブンの天板にタオルを敷いて型をのせ、2cm程湯(分量外)を張る。160℃に予熱したオーブンで40分程湯せん焼きにし、竹串をさして生地がつかなければ粗熱を取って冷蔵庫で冷やす。

Autumn

れんこんのはさみ焼き

- お手軽さ ・・・
- 食べごたえ ・・・
- 保存しやすさ ・・

□ 材料 [2人分]

れんこん — 6cm
むきえび — 100g
鶏ひき肉 — 120g
塩 — 小さじ⅓
片栗粉 — 適量
柚子胡椒 — 適宜
ごま油 — 適量

□ 作り方

1. れんこんはよく洗って5mm幅に切り、酢水（分量外）に1〜2分つけて水けをふく。むきえびは粗く刻む。
2. ボウルに鶏肉と塩を入れて白っぽくなるまで混ぜ、むきえびと片栗粉小さじ1を加えて混ぜる。
3. れんこんの両面に薄く片栗粉をまぶし、2を6等分にしてれんこんではさむ。
4. フライパンにごま油を熱し、3を並べて焼く。焼き色がついたら裏返してふたをし、弱火で3分焼く。お好みで柚子胡椒をそえる。

れんこんポテトサラダのスタッフドバゲット

お手軽さ ●●●
食べごたえ ●●●●
保存しやすさ ●●

□ 材料 [2人分]

れんこん(小) ― 5cm
じゃがいも ― 2個
ツナ缶(水煮) ― 小1缶
黒オリーブ(種抜き) ― 10粒
塩 ― 少々
バゲット ― ½本(20cm)
バター(無塩) ― 大さじ1
オリーブオイル ― 大さじ1〜2

□ 作り方

1. れんこんは皮をむいて縦半分に切る。じゃがいもはよく洗って半分に切る。ツナは汁けをきる。黒オリーブは4等分に切る。
2. 鍋にれんこん、じゃがいも、かぶるくらいの水を入れて火にかける。竹串がすっと通るまでゆでたらざるにあけ、れんこんは粗く刻み、じゃがいもはつぶす。
3. じゃがいもが温かいうちにバターを加えて混ぜ、れんこん、ツナ、黒オリーブを加える。オリーブオイルを加えて全体がしっとりまとまったら塩で味を調える。
4. バゲットは端を切り落とし、両側からナイフを入れて中をくり抜く。3を詰める。

Autumn

れんこんと鶏ささみの中華炒め

- お手軽さ
- 食べごたえ
- 保存しやすさ

📙 材料 [2人分]

れんこん — 5〜6cm
鶏ささみ肉 — 3本
A │ 酒 — 大さじ½
　│ 片栗粉 — 小さじ½
　│ 塩 — ひとつまみ
カシューナッツ — 大さじ2
B │ オイスターソース — 大さじ1
　│ しょうゆ — 小さじ2
お好みの油 — 大さじ2

📙 作り方

1. れんこんは縦に棒状に切る。鶏肉は筋を取り、一口大のそぎ切りにして A をもみこむ。
2. フライパンを熱し、カシューナッツを乾煎りする。焼き色がついたら取り出し、粗く砕く。フライパンに油大さじ1を熱し、れんこんを入れて炒める。焼き色がついたら一度取り出す。
3. 同じフライパンに油大さじ1を足して鶏肉を炒め、火が通ったられんこんを戻し入れて B を加える。器に盛り、カシューナッツをちらす。

れんこん団子汁

お手軽さ ・・・
食べごたえ ・・・
保存しやすさ ・・

□ 材料 [2人分]

れんこん（小）― 1節（250g）
A ｜ 片栗粉、白炒りごま
　｜　― 各小さじ1
かつお昆布出汁 ― 2½カップ
塩 ― 少々
糸みつば（ざく切り）― 1束分
ごま油 ― 小さじ2

□ 作り方

1. れんこんは皮をむいて酢水（分量外）に1～2分つけ、水けをふく。すりおろしてAを混ぜる。
2. 鍋にごま油を熱し、1をスプーンで丸めて落とす。ひっくり返して両面焼いたら出汁を加えて沸かし、塩で味を調える。糸みつばを加えて火を止める。

Autumn

オリーブオイルポテトチップス

- お手軽さ
- 食べごたえ
- 保存しやすさ

□ **材料** [2人分]

じゃがいも — 2個
塩 — 適量
オリーブオイル — 大さじ3〜4

□ **作り方**

1. じゃがいもはよく洗って皮付きのまま薄切りにし、水にさらしてからキッチンペーパーで水けをふき取る。
2. フライパンにオリーブオイルを熱し、1を1枚ずつくっつかないように入れる。きつね色に揚がったものから順にバットに取り出す。同じように、数回にわけて揚げ、全部揚がったら塩をふる。

カリカリコンビーフポテト

お手軽さ ・・・
食べごたえ ・・・
保存しやすさ ・・・

□ 材料 [2人分]

- じゃがいも ― 2個
- にんにく ― 1かけ
- コンビーフ ― 1缶(100g)
- パセリ(みじん切り) ― 適量
- オリーブオイル ― 大さじ1
- バター ― 10g

□ 作り方

1. じゃがいもはよく洗って皮付きのまま、1.5㎝角に切る。にんにくはみじん切りにする。
2. フライパンにオリーブオイルとにんにくを入れて弱火で熱し、香りが立ってきたらじゃがいもを入れる。じゃがいもに焼き色がついたらコンビーフを加えてほぐし、じゃがいもにからめるように、焦げないように混ぜながら10分程炒める。じゃがいもに竹串がすっと通るくらい火が通ったら、火を止めてバター、パセリを加え、さっと混ぜる。

Autumn

お手軽さ ・・・

食べごたえ ・・・

保存しやすさ ・・・

ふんわりマッシュポテト

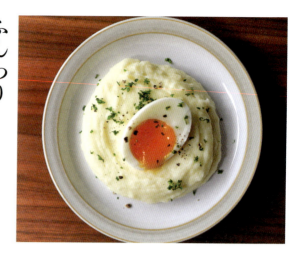

□ 材料 [2人分]
じゃがいも (中) ― 2個 (200g)
塩 ― 小さじ¼
牛乳 ― 80〜100ml
半熟ゆで卵、パセリ (みじん切り)、
　黒こしょう ― 各適宜
バター (無塩) ― 30g

□ 作り方
1. じゃがいもは皮をむき、2cm幅に切る。水に2〜3分さらしてざるにあける。
2. 鍋に1とかぶるくらいの水を入れて火にかける。ぐらぐらとしてきたら弱火にし、竹串がすっと通るまで10分程ゆでたら、ざるにあけて水けをきり、木べらでつぶしてざるで裏ごしする。
3. 鍋に2を戻し入れて弱火にかけ、バターと塩を加えて溶かす。牛乳を少しずつ加えて混ぜ、お好みの固さにのばす。味が足りなければ、塩 (分量外) を加えて味を調える。器に盛り、お好みで半熟卵をのせて、パセリ、黒こしょうをふる。

じゃがいもと鶏肉の甘辛蒸し焼き

お手軽さ ・・・
食べごたえ ・・・・
保存しやすさ ・・・・

□ 材料 [2人分]

じゃがいも(大) ― 2個(300g)
鶏もも肉 ― 1枚
A │ 水 ― 大さじ3
　│ 酒、しょうゆ ― 各大さじ1
　│ 砂糖 ― 小さじ1
小ねぎ(小口切り) ― 2〜3本分
お好みの油 ― 大さじ1

□ 作り方

1. じゃがいもは皮をむいて一口大に切る。水にくぐらせて耐熱容器に入れ、ふんわりとラップをかけて電子レンジで3分加熱し、キッチンペーパーで水けをふく。鶏肉は余分な脂肪を取り除き、一口大に切る。

2. フライパンに油を熱し、鶏肉の皮目を下にして入れる。じゃがいもを加え、じっくり焼く。鶏肉とじゃがいもに焼き目がついたらひっくり返し、キッチンペーパーで余分な油をふき取る。Aを加えてふたをし、弱火にして3分焼く。ふたをあけて水分をとばすように炒める。

3. 器に盛り、小ねぎをちらす。

Autumn

スティック大学芋

- お手軽さ
- 食べごたえ
- 保存しやすさ

□ 材料 [2人分]

さつまいも — 1本(300g)
A│砂糖 — 大さじ2
　│はちみつ — 大さじ1
　│酢 — 小さじ½
　│塩 — 少々
白炒りごま — 適量
オリーブオイル — 大さじ3

□ 作り方

1. さつまいもは皮付きのまま棒状に切る。水につけて2～3分アク抜きをし、キッチンペーパーで水けをよくふき取る。
2. フライパンにオリーブオイルを熱し、1を重ならないように並べ、全面こんがりするまで焼く。油がフライパンに残っている状態でAを加えて全体にからめ、白炒りごまをふる。バットに広げて粗熱を取る。

さつまいもとゆで卵のヨーグルトサラダ

お手軽さ ・・・
食べごたえ ・・
保存しやすさ ・・

□ 材料 [2人分]

さつまいも — 1本(300g)
ゆで卵 — 2個
ロースハム(薄切り) — 3枚
塩 — 小さじ¼
A │ ヨーグルト(無糖) — 100g
　│ マヨネーズ — 大さじ1
黒こしょう — 適量

□ 作り方

1. さつまいもは皮付きのまま2cm幅の輪切りにする。ゆで卵はざく切りに、ロースハムは1cm角に切る。
2. 鍋にさつまいもとかぶるくらいの水を入れて火にかけ、沸騰したら弱火にして15分程ゆでる。竹串がすっと通るくらいまでゆでたら、ざるにあけて水けをとばす。
3. 2をボウルに入れ、木べら等で粗くつぶしてはがれてきた皮を取り除き、塩をふる。粗熱が取れたらロースハム、Aを加えて全体をよく混ぜ、ゆで卵を加えて軽く混ぜる。器に盛り、黒こしょうをふる。

Autumn

さつまいもと豚肉の黒酢炒め

- お手軽さ ●●●
- 食べごたえ ●●●
- 保存しやすさ ●●●

□ 材料 [2人分]

さつまいも(中) ― 1本(200g)
豚ロース肉(とんかつ用) ― 2枚(200g)
塩 ― 少々
いんげん ― 10本
A｜黒酢、酒 ― 各大さじ1
　｜オイスターソース ― 大さじ½
　｜砂糖 ― 小さじ2
お好みの油 ― 大さじ1

□ 作り方

1. さつまいもは皮付きのまま1cm幅の半月切りにする。さっと水にくぐらせて耐熱皿に入れ、ふんわりとラップをかけて電子レンジで3分程加熱する。豚肉は1cm幅の棒状に切り、塩をふる。いんげんはヘタを取って3分程ゆで、3等分に切る。

2. フライパンに油を熱し、さつまいもを入れる。片面が色よく焼けたら裏返し、フライパンの空いているところに豚肉を加える。全面に焼き色がつくようにひっくりかえし、さつまいも、豚肉が色よく焼けたら、いんげん、Aを加えてさっと炒める。

さつまいもの豆乳味噌汁

お手軽さ ・・・
食べごたえ ・・・・
保存しやすさ ・・

□ 材料 [2人分]

- さつまいも(中) — 1本(200g)
- 油揚げ — 1枚
- A｜かつお昆布出汁 — 1カップ
  ｜しょうが(すりおろし) — 1かけ分
- 味噌 — 大さじ1
- 豆乳 — 1カップ
- 白すりごま — 大さじ1
- 小ねぎ(小口切り) — 2本分

□ 作り方

1. さつまいもは皮をむいて2cm幅の半月切りにする。油揚げは熱湯をまわしかけて油抜きをし、短冊切りにする。
2. 鍋にA、さつまいもを入れて火にかけ、沸騰したら弱火にして15分程煮る。さつまいもが崩れるくらい柔らかく煮えたら、油揚げを加えて味噌を溶く。豆乳と白すりごまを加えて沸騰直前まで温め、小ねぎをちらす。

Autumn

チンゲンサイと牛肉の味噌炒め

お手軽さ ・・・・
食べごたえ ・・・
保存しやすさ ・

□ 材料 [2人分]

チンゲンサイ（大） — 1株（170g）
エリンギ — 2本
にんにく — 1かけ
牛こま切れ肉 — 150g
塩 — ひとつまみ
A｜味噌、酒 — 各大さじ1
　｜砂糖 — 小さじ½
お好みの油 — 大さじ1

□ 作り方

1. チンゲンサイは1枚ずつはがして根元をよく洗う。茎と葉をわけ、太い部分は縦半分にして、ざく切りにする。エリンギは縦半分に切り、7〜8mm厚さの斜め切りにする。にんにくは包丁の腹でつぶす。

2. フライパンに油とにんにくを入れて熱し、香りが立ってきたらにんにくを取り除く。牛肉を入れ、塩をふって炒め、色が変わったらバットに取り出す。チンゲンサイの茎とエリンギを入れて炒め、エリンギがしんなりしたらチンゲンサイの葉を加えて牛肉を戻し入れ、Aを加えてさっと炒める。

チンゲンサイと鶏団子のスープ

お手軽さ ・・・
食べごたえ ・・・
保存しやすさ ・・

□ 材料 [2人分]

チンゲンサイ（小） — 1株
えのきだけ — 50g
鶏ひき肉（もも） — 150g
A | しょうが（すりおろし） — 1かけ分
　| 酒 — 大さじ1
　| 片栗粉 — 小さじ1
　| 塩 — ひとつまみ
かつお昆布出汁 — 4カップ
しょうゆ — 小さじ1
塩 — 少々

□ 作り方

1. チンゲンサイは1枚ずつはがして根元をよく洗う。太い部分は縦半分にして、ざく切りにする。えのきだけは根元を切り落とし、長さを半分に切ってほぐす。
2. ボウルに鶏肉とAを入れて混ぜる。
3. 鍋にかつお昆布出汁を沸かし、弱火にして2をスプーンで丸めながら落とす。5分程煮たら1を加えてさらに5分煮る。しょうゆ、塩を加えて味を調える。

Autumn

チンゲンサイといかのエスニック炒め

- お手軽さ
- 食べごたえ
- 保存しやすさ

□ 材料 [2人分]

チンゲンサイ(大) — 1株(170g)
いか — 130g
玉ねぎ — ½個
しょうが — 1かけ
A | 酒 — 大さじ1
　| ナンプラー — 小さじ1
オリーブオイル — 大さじ1

□ 作り方

1. チンゲンサイは1枚ずつはがして根元をよく洗う。茎と葉をわけ、太い部分は縦半分にして、ざく切りにする。いかは表面に格子状の切り込みを入れ、そぎ切りにする。玉ねぎはくし形切りに、しょうがはせん切りにする。
2. フライパンにオリーブオイル半量としょうがを入れて熱し、香りが立ったらいかを入れる。さっと炒めてバットにあける。
3. 同じフライパンに残りのオリーブオイルを熱し、玉ねぎ、チンゲンサイの茎を入れて炒める。玉ねぎがしんなりしてきたらチンゲンサイの葉を加えて2を戻し入れ、Aを加えて全体を炒める。

チンゲンサイと枝豆の中華風粥

お手軽さ ・・・
食べごたえ ・・
保存しやすさ ・

□ 材料 [2人分]

- チンゲンサイ（小） — 1株
- 干し貝柱 — 20g（中くらいの粒だと3〜4個）
- 米 — ⅔合（100g）
- 水 — 3カップ
- 塩 — 小さじ⅓
- ゆで枝豆（さやから出す） — 正味30g
- ごま油 — 適宜

□ 作り方

1. 干し貝柱は水1カップ（分量外）に浸して1日おく。
2. チンゲンサイは1枚ずつはがして根元をよく洗い、細かく刻む。米は研いでざるにあける。
3. 鍋に米、水、塩、1の貝柱をほぐして戻し汁ごと入れ、強火にかける。沸いたら鍋底をこするようにかき混ぜ、ふたをして弱火で15分煮る。チンゲンサイと枝豆を加えて全体を混ぜ、さらに10分程煮る。器に盛り、お好みでごま油をかける。

Autumn

にんじんの わんぱくサンド

お手軽さ ・・・
食べごたえ ・・・
保存しやすさ ・・

□ 材料 [2個分]

にんじん (中) ― 1本 (160g)
A | オリーブオイル ― 小さじ2
　| レモン汁 ― 小さじ1
ゆで卵 ― 2個
B | アンチョビフィレ (みじん切り)
　| ― 1枚分
　| マヨネーズ ― 大さじ1
　| 塩 ― 少々
アボカド ― ½個
食パン ― 2枚
バター、マヨネーズ ― 各適量

□ 作り方

1. にんじんはよく洗い、皮付きのまません切りにしてAであえる。ゆで卵はフォークで細かくつぶし、Bを混ぜる。アボカドは種を取って皮をむき、5mm幅の薄切りにして、レモン汁 (分量外) をまぶす。

2. 食パンを焼き、1枚の片面にバター、もう1枚の片面にマヨネーズを塗る。ラップを広げてバターを塗った食パンをバターの面を上にして中央におく。にんじんをこんもりとのせ、ゆで卵、アボカドを順に山になるようにのせる。もう1枚の食パンをマヨネーズの面が下になるようにかぶせ、具材が横からはみ出ないようにラップでぎゅっと包む。ラップに包んだまま半分に切り、アボカドの切り口にレモン汁 (分量外) を塗る。

にんじんと豚バラのしょうがクミン炒め

お手軽さ ・・・
食べごたえ ・・・
保存しやすさ ・・・

□ 材料 [2人分]

にんじん — 1本
豚バラ薄切り肉 — 100g
しめじ — ½パック
しょうが — 1かけ
塩、クミンパウダー、パセリ（みじん切り）
　— 各適量
オリーブオイル — 小さじ1

□ 作り方

1. にんじんは皮をむき、ピーラーでリボン状に削る。豚肉は3㎝幅に切る。しめじは石づきを取って小房にわける。しょうがはみじん切りにする。
2. フライパンにオリーブオイルを熱し、しょうがをさっと炒めて香りを出し、豚肉としめじを入れて炒める。豚肉の色が変わり、しめじに焼き色がついたら、にんじんを加えて炒める。にんじんがしんなりしたら塩、クミンパウダーをふって味を調える。器に盛り、パセリをふる。

Autumn

ゴロゴロにんじんスープ

- お手軽さ
- 食べごたえ
- 保存しやすさ

□ 材料 [2人分]

- にんじん — 1本(200g)
- 玉ねぎ — ¼個
- セロリ — 3cm(10g)
- ベーコン — 2枚
- 塩 — 小さじ¼
- かつお昆布出汁 — 2カップ
- セロリの葉 — 適宜
- オリーブオイル — 小さじ1

□ 作り方

1. にんじんは皮をむいて1cm幅の輪切りにする。玉ねぎとセロリは薄切りにする。ベーコンは1cm幅に切る。
2. 鍋にオリーブオイルを熱し、にんじんを炒める。2～3分炒めたら玉ねぎ、セロリ、ベーコンを加えて炒め、塩をふる。玉ねぎがしんなりしたら、かつお昆布出汁を加え、沸騰したら弱火にして20分煮る。味が物足りなければ塩(分量外)を加え、味を調える。お好みで、粗く刻んだセロリの葉を加えてさっと煮る。

にんじんスフレチーズケーキ

- お手軽さ
- 食べごたえ
- 保存しやすさ

□ 材料 [直径15cmのケーキ型1台分]

- にんじん ― 1本
- A
  - 水 ― ½カップ
  - 砂糖 ― 20g
  - バター（無塩） ― 10g
  - 塩 ― ひとつまみ
- 生クリーム ― ½カップ
- クリームチーズ（常温に戻す） ― 200g
- 卵黄（常温に戻す） ― 2個分
- レモン汁 ― 大さじ1
- 薄力粉（ふるう） ― 20g
- 卵白（ボウルに入れ、冷蔵庫で冷やす） ― 2個分
- グラニュー糖 ― 30g
- アイスクリーム、くるみ（刻む）、チョコレート ― 各適宜

□ 作り方

1. にんじんは1cm幅の輪切りにし、Aと鍋に入れ、ふたをして15分煮る。柔らかくなったらふたを開け、水分がなくなるまで煮る。生クリームを加え、ハンドミキサーでなめらかになるまで混ぜる。
2. ボウルにクリームチーズを入れて混ぜ、なめらかにする。1、卵黄、レモン汁、薄力粉を順に加え、その都度よく混ぜる。
3. 別のボウルに卵白を入れ泡立てる。途中でグラニュー糖を2回にわけて加え、メレンゲを作る。メレンゲの⅓を2に加えてよく混ぜ、残りのメレンゲに戻し入れて全体がなじむまで混ぜ、型に流す。
4. 170℃に予熱したオーブンに3を入れて天板に湯を張り、60分湯せん焼きする。オーブンの中でそのまま冷まし、粗熱が取れたら冷蔵庫で一晩おき、型からはずす。お好みでアイスクリーム、くるみ、チョコレートをのせる。

Autumn

しいたけのバルサミコマリネ

お手軽さ ・食べごたえ ・保存しやすさ

□ 材料 [2人分]

- しいたけ — 6枚
- ベーコン — 1枚
- アーモンド(素焼き) — 大さじ1
- A
  - オリーブオイル — 大さじ2
  - バルサミコ酢 — 大さじ1
  - 塩 — 小さじ1/6
  - はちみつ — 少々
- パセリ(みじん切り) — 適宜
- オリーブオイル — 小さじ1

□ 作り方

1. しいたけは軸を取り、半分に切る。ベーコンは1cm幅に切る。アーモンドはまな板に広げてキッチンペーパーをかぶせ、麺棒でたたいて粗く砕く。ボウルにAを合わせ、よく混ぜてマリネ液を作る。
2. フライパンにオリーブオイルを熱し、しいたけを並べ入れる。焼き色がついたら裏返し、全面に焼き色をつけてマリネ液に入れる。
3. 2のフライパンをさっとふいてベーコンを炒め、マリネ液に加える。全体をなじませてラップを落とし、冷蔵庫に15分程おいて味をなじませる。
4. 食べる直前にアーモンドを加えてざっくり混ぜる。お好みでパセリをちらす。

しいたけのトマトチーズ焼き

お手軽さ ・・・
食べごたえ ・・・
保存しやすさ ・・

◻ 材料[2人分]

- しいたけ ― 6枚
- ミニトマト ― 4個
- 黒オリーブ(種抜き) ― 3粒
- ピザ用チーズ ― 適量
- パセリ(みじん切り) ― 適宜
- オリーブオイル ― 少々

◻ 作り方

1. しいたけは軸を取る。ミニトマトはヘタを取って4等分に切り、黒オリーブは4等分に切る。
2. スキレット(または耐熱皿)にオリーブオイルを薄く塗り、しいたけのひだを上向きに並べる。しいたけにミニトマト、黒オリーブを等分にのせ、ピザ用チーズをのせる。トースターで6〜7分、チーズがこんがりするまで焼く。お好みでパセリをのせる。

Autumn

しいたけとらっきょうのペンネ

- お手軽さ
- 食べごたえ
- 保存しやすさ

□ 材料 [2人分]

- しいたけ — 6枚
- にんにく — 1かけ
- らっきょう — 6〜7粒(40g)
- サラミ — 30g
- ペンネ — 120g
- 塩 — 小さじ½
- 白ワイン — 大さじ1
- バター(無塩) — 20g
- 小ねぎ(小口切り) — 4〜5本分
- パルミジャーノレッジャーノ
  (すりおろす。なければ粉チーズ) — 適宜
- オリーブオイル — 大さじ1

□ 作り方

1. しいたけは石づきを取り、粗く刻む。にんにくはみじん切りに、らっきょうは粗く刻む。サラミは縦半分に切り、薄切りにする。
2. 鍋に湯を沸かし、ペンネを袋の表示通りにゆでる。ゆで汁を大さじ2取っておく。
3. フライパンにオリーブオイル、にんにくを熱し、香りが立ってきたらしいたけを入れて炒める。しいたけに焼き色がついたら塩をふり、白ワインを加えて沸かし、アルコールをとばす。らっきょう、サラミ、バターを加えて全体になじませ、2のゆで汁を加えて乳化させ、2のペンネを加えてあえる。小ねぎを加えて混ぜ、器に盛る。お好みでパルミジャーノレッジャーノをふる。

焼きしいたけの炊き込みごはん

お手軽さ ● ● ●
食べごたえ ● ● ●
保存しやすさ ● ●

📋 材料 [2人分]

- しいたけ ― 6枚
- 油揚げ ― ½枚
- 米 ― 2合
- しょうゆ ― 小さじ½
- A
  - 昆布 ― 5cm角1枚
  - 酒 ― 大さじ1
  - しょうゆ ― 小さじ1
  - 塩 ― 小さじ⅓
- 大葉（せん切り） ― 適宜
- ごま油 ― 小さじ1

📋 作り方

1. しいたけは軸を取り、4等分に切る。油揚げは細切りにする。米は研いでざるにあける。
2. フライパンにごま油を熱し、しいたけを焼く。焼き色がついたら油揚げを加えて炒め、火を止めてしょうゆをまわし入れる。
3. 炊飯器に米と、いつもより大さじ1少ない水を入れる。Aを加えて混ぜ、2をのせて炊く。器に盛り、お好みで大葉をのせる。

Autumn

旬の飲みもの
Autumn

にんじん
＋
柿

少し肌寒くなってきたら、体温を上げるためににんじんのジュースを飲むといいそうです。りんご、オレンジ、いろいろな果物と相性がいいにんじんですが、ここでは秋に旬を迎える柿と合わせました。

☐ 材料 [約300ml分]

にんじん — ½本(100g)
柿(皮をむいて種を取る) — ½個(100g)
レモン汁 — 大さじ1
水 — 1〜1¼カップ

☐ 作り方

にんじん、柿はざく切りにする。柿はトッピング用に少し残し、レモン汁と水1カップを加えてハンドミキサーで撹拌する。お好みの濃度になるまで水を足して撹拌し、グラスにそそいでトッピング用の柿をのせる。

Winter

冬の旬野菜

———

大根と柿のマリネ

□ 材料[2人分]

大根 — 5cm
柿（種なし） — ½個
塩 — 小さじ½
A ┃ ローズマリー — 1枝
　┃ ゆずのしぼり汁 — 大さじ1
　┃ オリーブオイル、米酢
　┃ — 各小さじ1
生ハム — 2枚

□ 作り方

1. 大根と柿は皮をむいて短冊切りにする。
2. ボウルに大根を入れて塩をまぶし、10分程おいて軽く水けをきる。柿とAを加え、全体を混ぜてなじませる。ラップをして冷蔵庫で1時間以上おく。
3. 2のローズマリーを取り出し、生ハムを食べやすくちぎって加える。さっと合わせて器に盛り、ローズマリーの先を飾る。

お手軽さ
食べごたえ
保存しやすさ

揚げ大根

お手軽さ ・・・
食べごたえ ・・・・
保存しやすさ ・・

□ 材料 [2人分]

大根 — 15cm
塩 — 小さじ¼
しょうゆ — 少々
揚げ油（米油使用）— 適量

□ 作り方

1. 大根はよく洗い、3cm幅の輪切りにして皮を厚めにむく。うち1切れをすりおろす。皮は5cm長さに切り、5mm幅の細切りにする。塩をふり、しばらくおいて水けをしっかりきる。
2. 鍋に油を2cm程熱し、大根4切れを入れる。途中ひっくり返しながら10分程揚げて、竹串がすっと通れば揚げ網に取り出す。油の温度を上げて皮を入れ、色よく揚げる。
3. 器に、揚げた大根、大根おろし、揚げた皮の順にのせ、しょうゆをひとたらしする。

Winter

大根と鶏手羽中のケチャップ煮

- お手軽さ
- 食べごたえ
- 保存しやすさ

□ 材料 [2人分]

大根 ― 12cm
鶏手羽中 ― 8本
塩 ― 少々
A ｜ ケチャップ ― 大さじ1
　 ｜ しょうゆ ― 大さじ½
小ねぎ(小口切り) ― 2～3本分
オリーブオイル ― 大さじ1

□ 作り方

1. 大根は2cm幅の半月切りにする。鶏手羽中に塩をまぶす。
2. フライパンにオリーブオイルを熱し、大根、鶏手羽中を入れて焼く。大根は両面にしっかり焼き色をつける。鶏手羽中もこんがりと焼けたら、ひたひたの水をそそいでAを加える。沸騰したら落としぶたをして、弱火で10分程煮る。
3. ふたを取って煮汁が少なくなるまで煮詰め、器に盛って小ねぎをのせる。

ひらひら大根と豚バラの常夜鍋

お手軽さ　食べごたえ　保存しやすさ

□ 材料 [2人分]

- 大根 ― 1/2本
- 豆苗 ― 1/2袋
- 絹豆腐 ― 1丁
- 豚バラ肉（しゃぶしゃぶ用）― 100g
- A｜昆布 ― 10cm角1枚
  ｜水 ― 3カップ
- お好みのタレ ― 適宜

□ 作り方

1. 土鍋にAを入れておく。
2. 大根は皮をむき、ピーラーでリボン状に削る。豆苗は根を切り落としてさっと洗う。豆腐は食べやすく切る。
3. 1の土鍋に豆腐と大根を入れて火にかける。グツグツしてきたら豚肉を加え、ふたをして弱火で10分程煮る。大根がくったりしたら豆苗を加えてさっと煮て、お好みのタレをつけていただく。

Winter

ほうれん草と春菊のおひたし

- お手軽さ
- 食べごたえ
- 保存しやすさ

□ 材料 [2人分]

ほうれん草 — ½束(150g)
春菊 — ¼束(50g)
A | かつお昆布出汁 — 1カップ
  | しょうゆ — 小さじ½
  | 塩 — 少々
白炒りごま — 適宜

□ 作り方

1. 鍋に湯を沸かし、塩(分量外)を入れる。ほうれん草は2株ずつ、葉を持ったまま茎から鍋に入れる。20秒程したら葉も入れてさらに20秒ゆで、冷水に取る。粗熱が取れたら水けをしぼる。同様に、残りのほうれん草と春菊をゆでる。
2. ほうれん草は根を落とし、4cm幅に切る。春菊も4cm幅に切り、茎の太い部分は縦半分に切る。保存容器に入れてAを加え、葉を広げるように全体になじませ、冷蔵庫に入れて1時間以上おく。
3. 2を出汁ごと器に盛り、お好みで白炒りごまをふる。

ほうれん草とウインナーのストラータ

- お手軽さ
- 食べごたえ
- 保存しやすさ

◻ 材料 [パウンド型1台分]

ほうれん草 — 1/3束（100g）
ウインナー — 60g
カンパーニュ — 100g
卵 — 2個
A │ 生クリーム、牛乳 — 各1/2カップ
　│ 塩 — 少々
ピザ用チーズ — 40g
オリーブオイル、バター — 各適量

◻ 作り方

1. 鍋に湯を沸かし、ほうれん草をさっとゆでて冷水に取り、水けをきって3cm幅に切る。ウインナーは小口切りにする。カンパーニュは2cm角に切る。
2. フライパンにオリーブオイルを熱し、ほうれん草、ウインナーを炒める。火が通ったらバットに広げて粗熱を取る。
3. ボウルに卵を溶き、Aを加えて泡立てないように混ぜる。ピザ用チーズ半量、2、カンパーニュを加える。型にバターを薄く塗り、具材をすべて入れて残りのピザ用チーズをのせ、冷蔵庫に入れて1時間以上おく。
4. 3を冷蔵庫から出して常温に戻し、180℃に予熱したオーブンで40分焼く。冷めたら型から取り出し、食べやすく切る。

Winter

ほうれん草ソテーのサンドイッチ

- お手軽さ
- 食べごたえ
- 保存しやすさ

□ 材料 [2人分]

ほうれん草 — 2/3束(200g)
マッシュルーム — 5〜6個
ベーコン — 2枚
イギリスパン — 薄切り4枚
オリーブオイル — 少々
バター、マヨネーズ — 各適量

□ 作り方

1. 鍋に湯を沸かし、ほうれん草はさっとゆでて冷水に取り、水けをきって3cm幅に切る。マッシュルームは薄切りに、ベーコンは5mm幅に切る。
2. フライパンにオリーブオイルを熱し、マッシュルームとベーコンを炒める。ベーコンがカリッとしたらほうれん草を加えてさっと炒め、火を止めてバター15gを加え、余熱で溶かしながら混ぜる。
3. パンをトースターでこんがりと焼き、お好みでバターやマヨネーズを塗って2をはさむ。

ほうれん草と桜えびのチャーハン

お手軽さ ●●●
食べごたえ ●●●
保存しやすさ ●●

□ 材料 [2人分]

ほうれん草 ― ½束(150g)
長ねぎ ― ½本
卵 ― 2個
ごはん ― 400g
桜えび(乾燥) ― 大さじ4
塩 ― ひとつまみ
しょうゆ ― 小さじ2
ごま油 ― 適量

□ 作り方

1. 鍋に湯を沸かし、ほうれん草をさっとゆでて冷水に取り、水けをきってみじん切りにする。長ねぎはみじん切りにする。
2. ボウルに卵を溶き、ごはんを入れて混ぜる。
3. フライパンを熱し、桜えびを乾煎りする。香りが立ってきたら取り出す。フライパンをさっとふいてごま油を熱し、2を入れて炒める。ごはんと卵に火が通ったら1、桜えびを入れて塩をふり、炒める。仕上げにしょうゆを鍋肌から加え、さっと炒める。

Winter

ごぼうのピクルス

お手軽さ ・・・
食べごたえ ・
保存しやすさ ・・・

□ 材料 [2人分]

ごぼう（細め） — 60cm
A｜水、米酢 — 各¼カップ
　｜砂糖 — 大さじ1½
　｜塩 — 小さじ½
　｜赤唐辛子 — 1本
　｜ローリエ — 1枚
　｜粒黒こしょう — 10粒

□ 作り方

1. 鍋に A を沸かして冷ます。
2. ごぼうは包丁の背で皮をこそげ取り、6cm幅に切る。太いところは縦半分に切る。別の鍋に湯を沸かし、ごぼうを30秒程ゆでてざるにあけ、水分がとぶように広げて水けをきる。
3. 保存容器にごぼうを並べ入れて 1 をそそぎ、冷蔵庫に入れて1日おく。

揚げごぼうと春菊のサラダ

お手軽さ ・・
食べごたえ ・・
保存しやすさ ・

材料 [2人分]

- ごぼう — 30cm
- 片栗粉 — 小さじ2
- 春菊 — 1/3束
- 紫キャベツ — 1枚
- A ｜ しょうゆ、砂糖 — 各小さじ1
- オリーブオイル、バルサミコ酢 — 各小さじ1
- 塩 — 適量
- お好みの油（米油使用）— 大さじ2

作り方

1. ごぼうはたわしでしっかり洗い、5cm幅の縦4等分に切り、片栗粉をまぶしつける。春菊は5cm幅に切る。茎の太い部分は縦半分に切る。紫キャベツは食べやすい大きさにざく切りにする。
2. フライパンに油を熱し、ごぼうを入れて揚げ焼きにする。周りが固まってきたら弱火にし、低温でじっくりきつね色になるまで揚げる。バットにあげて油をきり、ボウルに合わせたAとごぼうを入れてあえる。
3. 大きいボウルに春菊と紫キャベツを入れ、オリーブオイルをまわしかけてよく混ぜる。バルサミコ酢と塩を加え、よくあえて全体になじませ、2を加えてざっくり混ぜる。

Winter

きんぴらごぼうの細巻き

- お手軽さ
- 食べごたえ
- 保存しやすさ

□ 材料 [2本分]

ごぼう — 20cm
にんじん — 20g
ベーコン — 1枚
赤唐辛子(小口切り) — 1本分
A │ 酒、しょうゆ — 各大さじ½
  │ 砂糖 — 小さじ1
焼きのり(全形) — 2枚
ごはん — 200g
白炒りごま — 適量
ごま油 — 小さじ1

□ 作り方

1. ごぼう、にんじんは皮付きのままたわしでしっかり洗い、5cm幅の細切りにする。ベーコンは1cm幅に切る。
2. フライパンにごま油を熱し、1を入れて炒める。全体に油がまわったら赤唐辛子を加えてさっと炒め、Aを加えて水分をとばすように炒める。
3. 巻きすの上に焼きのりを1枚のせ、ごはんを半量広げる。白炒りごまをふり、2を半量のせて巻く。同様にもう1本作る。食べやすく切って器に盛る。

ごぼうとみつばとかまぼこのわさびマヨあえ

お手軽さ ・・・
食べごたえ ・・
保存しやすさ ・・

材料 [2人分]

- ごぼう — 30㎝
- 糸みつば — ½束(20g)
- かまぼこ — 50g
- A
  - マヨネーズ — 大さじ1
  - しょうゆ — 小さじ1
  - おろしわさび — 適量

作り方

1. ごぼうは包丁の背で皮をこそげ取り、ささがきにする。さっと水にさらして水けをきる。みつばは根を落として3㎝幅に切る。かまぼこは厚みを半分にして、短冊になるように薄く切る。
2. 鍋に湯を沸かし、ごぼうをさっとゆでてざるにあける。水分がとぶように広げて水けをきる。
3. ボウルにAを合わせてよく混ぜ、材料をすべて入れてあえる。

Winter

焼きねぎの
バルサミコマリネ

- お手軽さ
- 食べごたえ
- 保存しやすさ

□ 材料 [2人分]

長ねぎ — 1本
A｜オリーブオイル — 大さじ1
　｜バルサミコ酢 — 小さじ2
　｜はちみつ — 小さじ1
　｜しょうゆ、塩 — 各小さじ½
オリーブオイル — 少々

□ 作り方

1. 長ねぎは6cm幅に切る。
2. フライパンにオリーブオイルを弱火で熱し、長ねぎを並べ入れる。転がすように、じっくりと焼き色がつくまで焼く。
3. 保存容器にAを入れて混ぜ合わせ、2を入れてあえる。粗熱が取れたらひと混ぜしてラップを落としてかけ、冷蔵庫に入れて1時間程おいて味をなじませる。

長ねぎのナムル

お手軽さ ・食べごたえ ・保存しやすさ

☐ 材料 [2人分]

- 長ねぎ ― 1本
- ごま油 ― 小さじ2
- 米酢 ― 小さじ1
- しょうゆ ― 小さじ½
- 砂糖 ― 少々
- 赤唐辛子(小口切り) ― ひとつまみ
- 塩 ― 適量
- 白炒りごま、焼きのり(ちぎる) ― 各適量

☐ 作り方

1. 長ねぎは縦半分に切り、斜め薄切りにする。2～3分水にさらし、よく水けをきる。
2. ボウルに*1*を入れ、調味料を上から順に加えてその都度混ぜ、塩で味を調える。白炒りごまと焼きのりを加えてあえる。

Winter

長ねぎと鶏のスープ

- お手軽さ
- 食べごたえ
- 保存しやすさ

□ 材料 [2人分]

- 長ねぎ ― 2本
- 鶏むね肉 ― 1枚
- 塩 ― 小さじ½
- しょうが ― 1かけ
- 水 ― 2½カップ
- ナンプラー ― 小さじ½
- パクチー(ざく切り)、黒こしょう ― 各適宜

□ 作り方

1. 長ねぎは青い部分を除いて1cm幅に切る。青い部分は取っておく。鶏肉に塩をすりこむ。しょうがはせん切りにする。
2. 鍋に1と水を入れて火にかけ、沸いたらアクを取り除き、弱火で15分煮る。長ねぎの青い部分を取り除き、少し冷ましてから鶏肉を取り出して食べやすく切り、器に盛る。
3. スープを再度温めてナンプラーを加え、塩少々(分量外)で味を調える。2の器にそそぎ、お好みでパクチーをのせて黒こしょうをふる。

長ねぎと納豆のきつね焼き

お手軽さ ●●●
食べごたえ ●●●
保存しやすさ ●

材料 [2人分]
- 長ねぎ — 1本
- 油揚げ — 2枚
- 納豆 — 1パック
- A
  - 納豆のたれ — 半量
  - しょうゆ — 小さじ½
  - ごま油 — 少々

作り方
1. 長ねぎは小口切りにする。油揚げは半分に切り、袋状に開く。
2. 納豆とAをよく混ぜ、長ねぎを加えてあえる。油揚げに等分に詰め、口をつまようじでとめる。
3. トースターにアルミホイルを敷いて2を並べ、6分程焼く。途中で裏返し、両面こんがり焼く。

Winter

長いもの豚肉巻き

お手軽さ ••
食べごたえ •••
保存しやすさ ••

□ 材料 [2人分]

長いも — 8㎝
豚もも薄切り肉 — 8枚
大葉 — 8枚
片栗粉 — 適量
砂糖、しょうゆ — 各小さじ1
お好みの油 — 大さじ1

□ 作り方

1. 長いもはよく洗い、ガスコンロの火で皮をあぶってひげ根を焼く。皮付きのまま長さを半分、縦4等分に切る。
2. 豚肉を広げ、大葉と長いもをのせて巻く。残りも同じように巻き、片栗粉を薄くまぶす。
3. フライパンに油を熱し、2の巻き終わりを下にして焼く。焼き色がついたら転がしながら全面に焼き色をつけ、砂糖をふり入れて豚肉全体にまぶしつける。火を止めてしょうゆをまわし入れ、余熱で煮からめる。

長いもと白菜の味噌汁

お手軽さ ●●●●
食べごたえ ●●●●
保存しやすさ ●●

材料 [2人分]

- 長いも — 6cm
- 白菜 — 2〜3枚
- しょうが — 1かけ
- A｜かつお昆布出汁 — 2カップ
　｜酒、塩 — 各少々
- 味噌 — 大さじ1

作り方

1. 長いもは皮をむいて小さめの短冊切りにする。白菜は芯と葉にわけ、芯は5cm幅に切り、細切りにする。葉はざく切りにする。しょうがはせん切りにする。
2. 鍋にA、1の白菜の葉以外を入れて沸かし、弱火にして5分程煮る。全体がくったりと煮えたら白菜の葉を加えてさらに2〜3分煮る。味噌を溶かし、沸騰する前に火を止める。

Winter

長いもの梅酢漬けとミニトマトのサラダ

- お手軽さ
- 食べごたえ
- 保存しやすさ

□ 材料 [2人分]

長いも ― 6cm(150g)
A | 梅酢 ― 大さじ2
  | 水 ― 大さじ1
ミニトマト ― 10個
塩 ― 適量
オリーブオイル ― 小さじ½

□ 作り方

1. 長いもは皮をむいてさいの目に切り、保存容器に入れてAに漬ける。ぴったりとラップを落として冷蔵庫に入れ、一晩おく。
2. ミニトマトはヘタを取り、4等分に切る。ボウルに入れて1を汁けをきって加え、オリーブオイル、塩で味を調える。

長いものグラタン風

お手軽さ ・・・
食べごたえ ・・・・
保存しやすさ ・・

材料 [2人分]

- 長いも — 10cm(250g)
- 牛乳 — ½カップ
- 塩 — 小さじ½
- ブラウンマッシュルーム — 5～6個
- A │ バター — 10g
  │ しょうゆ — 小さじ½
- ピザ用チーズ — 適量
- オリーブオイル — 小さじ2

作り方

1. 長いもはよく洗い、ガスコンロの火で皮をあぶってひげ根を焼く。半量は皮付きのまま1cm幅の輪切りにする。残り半量は皮をむき、すりおろしてボウルに入れ、牛乳、塩を加えてよく混ぜる。マッシュルームは3mm幅に切る。
2. スキレットにオリーブオイル半量を熱し、マッシュルームを炒め、すりおろした長いものボウルに加える。
3. スキレットに残りのオリーブオイルを熱し、輪切りにした長いもを並べ入れる。両面に焼き色がついたらAを加えて全体になじませ、2を入れる。ピザ用チーズをたっぷりのせて、トースターでチーズにこんがりと焼き色がつくまで焼く。

Winter

白菜とキムチとカマンベールチーズの餃子

- お手軽さ
- 食べごたえ
- 保存しやすさ

□ 材料[2〜3人分]

白菜(大) — 2枚(300g)
塩 — 小さじ1¼
白菜キムチ — 80g
カマンベールチーズ — ½個(60g)
豚ひき肉 — 120g
餃子の皮 — 30枚
お好みの油 — 適量

□ 作り方

1. 白菜は粗く刻み、塩小さじ1をまぶしてしばらくおく。白菜キムチは細かく刻む。カマンベールチーズは30等分に切る。
2. ボウルに豚肉と塩小さじ¼を入れて白っぽくなるまでよくこねる。1の白菜の水けをしぼって加え、白菜キムチも加えてよく混ぜる。
3. 餃子の皮に2、カマンベールチーズをひとつのせて包む。残りも同じように包む。
4. フライパンを熱し、薄く油をひいて3を並べる。餃子の⅓くらいの高さまで湯を加え、ふたをして5分程蒸し焼きにする。水分がなくなりチリチリと音がしてきたらふたを開け、油を細くまわしかける。焦げ目がついたら火を止める。

白菜と鶏ささみのごまあえ

お手軽さ ●●●●
食べごたえ ●●●
保存しやすさ ●●●●

材料 [2人分]

- 白菜 — 2枚 (200g)
- 鶏ささみ肉 — 3本
- 塩、酒 — 各少々
- いんげん — 6本
- A
  - 白すりごま — 大さじ2
  - 白練りごま — 大さじ1½
  - しょうゆ — 小さじ2〜大さじ1
  - 砂糖 — 少々

作り方

1. 白菜は縦半分にして1cm幅に切る。鶏肉は筋を取り、塩、酒をまぶす。
2. 鍋に湯を沸かし、鶏肉を入れる。再び沸いたら弱火にして5分ゆで、火を止めてそのまま冷ます。冷めたら手で食べやすい大きさにさく。
3. 別の鍋に湯を沸かし、塩少々(分量外)を加えていんげんを2分程ゆでる。取り出して粗熱が取れたら斜め切りにする。同じ湯で白菜をさっとゆでてざるにあけ、広げて余熱で水分をとばす。
4. ボウルにAを合わせて混ぜ、2と3を加えてあえる。

Winter

白菜とひき肉の重ね焼き

- お手軽さ
- 食べごたえ
- 保存しやすさ

□ 材料 [2人分]

白菜 — ¼株(外側の葉を2〜3枚取り除く)
黒オリーブ(種抜き) — 6粒
合いびき肉 — 200g
塩、黒こしょう — 各少々
白ワイン(または酒) — 大さじ1
オリーブオイル — 小さじ1

□ 作り方

1. 白菜は葉の間をよく洗い、根元をつけたまま縦半分に切る。黒オリーブは粗みじん切りにする。
2. ボウルにひき肉、塩、黒こしょうを入れて白っぽくなるまでよくこねる。黒オリーブを加えて混ぜ、白菜の葉の間にはさむ。
3. フライパンにオリーブオイルを熱し、2を入れて両面焼く。焼き色がついてひき肉の表面が固まったら白ワインをふり、ふたをして弱火で15分蒸し焼きにする。

白菜と鮭のミルク味噌スープ

お手軽さ／食べごたえ／保存しやすさ

□ 材料 [2人分]

白菜 — ¼株
　（外側の葉を2〜3枚取り除く、400g）
生鮭 — 2切れ
塩、酒 — 各適量
しめじ — ½パック
水、牛乳 — 各1カップ
味噌、バター — 各大さじ1
お好みの油（米油使用）— 小さじ1

□ 作り方

1. 白菜はざく切りにする。鮭は3等分に切り、塩と酒をまぶす。しめじは石づきを取り、食べやすくほぐす。
2. 鍋に油をひき、鮭を入れて焼く。両面に焼き色がついたら取り出し、しめじを入れて炒める。しめじがしんなりしたら白菜を入れ、鮭をのせて水を加え、ふたをして15分煮る。白菜がしんなりしたら味噌を溶かし入れ、牛乳を加えて温める。沸騰する前に火を止めてバターを加える。

Winter

旬の飲みもの
Winter

白菜
＋
りんご
＋
バナナ

寒さに耐えた冬の白菜は、とても甘くなります。同じく冬の甘いりんごを合わせて。バナナを少し加えてとろみをつけ、飲みやすくしました。カリッとしたアーモンドがアクセントになります。

□ 材料 [約300ml分]

白菜 — 1〜2枚 (150g)
りんご (種を取る) — 1/6個 (50g)
バナナ — 1/2本 (50g)
水 — 1/4〜1/2カップ
アーモンド (素焼き) — 1粒

□ 作り方

白菜、りんご、バナナはざく切りにする。水1/4カップを加えてハンドミキサーで撹拌する。お好みの濃度になるまで水を足して撹拌し、グラスにそそいで砕いたアーモンドをのせる。

Column 我が家の台所事情

愛用アイテムをご紹介します。

bamix（バーミックス）

スイスで生まれたハンディフードプロセッサーです。鍋やコップの中で食材を撹拌することができ、ポタージュやジュースを作るのに使用しています。私が購入したのはスマートセットという付属品の少ないもの。あとから付属品だけ購入することも可能で、修理等のアフターケアもしっかり対応してもらえるので安心です。／チェリーテラス・代官山

あじねフライパン

神奈川県厚木市にあるフライパン工房の鉄のフライパンです。サイズや鉄の厚みのオーダーが可能で、ひとつひとつ丁寧に仕立てられて届きます。こちらは板厚2.3mmのもの。鉄のフライパンは、油がなじむまでに時間がかかりますが、焼き込みをして磨き込んでから送られてくるので、初心者でもすぐに使いはじめることができます。／あじねフライパン

粟國の塩

沖縄県粟国島近海の海水100％を原料として、平釜で煮詰めて乾燥させた塩です。しっとりとして、まろやかな甘みがあります。レシピ中の塩加減は必ず味見をして調整してくださいね。／沖縄海塩研究所

おわりに

家での食事は、
最低限の甘みと塩分で調理することを
心がけています。

レシピの写真を見ていただくと、
こってりとした煮物や照り焼き、
べっとりとした油をまとう炒めものなどはありません。

しかし、油分を減らしすぎると、満足感を得ようとして
かえって塩分をとりすぎてしまうことがあるので、
良質な油を適度にとることを心がけてくださいね。

旬の野菜をたくさん使って、
味つけを控えめにすることで
たくさん食べても罪悪感は残りません。

凝りすぎてムリをした料理は続きませんが、
旬を迎えたおいしい野菜を生かすよう、やさしい味つけにすれば、
それだけで立派なごちそうになります。

ぜひ今日から、意識的に旬の野菜を取り入れてみてください。

食べれば心とからだが穏やかになる。
皆さまの食卓が、旬の野菜で豊かになりますように。

井上裕美子

Index

■メインになるもの

〖 ごはん 〗
グリルたけのこごはん　23
牛肉とクレソンのガーリックライス　30
アスパラガスと
　　マッシュルームの炊き込みごはん　41
枝豆とパルミジャーノのリゾット　64
チンゲンサイと枝豆の中華風粥　87
焼きしいたけの炊き込みごはん　95
ほうれん草と桜えびのチャーハン　105
きんぴらごぼうの細巻き　108

〖 パン 〗
焼きトマトとモッツァレラチーズのバゲット　43
れんこんポテトサラダのスタッフドバゲット　73
にんじんのわんぱくサンド　88
ほうれん草とウインナーのストラータ　103
ほうれん草ソテーのサンドイッチ　104

〖 麺 〗
にら玉ぶっかけうどん　14
にらとねぎのオイスターソース焼きそば　15
冷やしなすそうめん　56
しいたけとらっきょうのペンネ　94

■ごはんに合うおかず

〖 焼いたもの 〗
にらと豚肉のピカタ　12
ほたて入り焼きロールレタス　34
アスパラガスと新じゃがのグリル　38
アスパラガスとりんごの豚バラ巻き　40
ピーマンのふんわり肉詰め　49
なすトマトベーコンのオーブン焼き　57
かぼちゃとほうれん草のグラタン　70
れんこんのはさみ焼き　72
じゃがいもと鶏肉の甘辛蒸し焼き　79
長ねぎと納豆のきつね焼き　113
長いもの豚肉巻き　114
長いものグラタン風　117
白菜とキムチと
　　カマンベールチーズの餃子　118
白菜とひき肉の重ね焼き　120

〖 炒めもの 〗
スナップエンドウと鶏の粒マスタード炒め　17
セロリとしらすの炒めもの　25
春の豆のにんにく炒め　29
トマトと卵のオイスターソース炒め　45
ピーマンと油揚げの炒め煮　47
ピーマンと魚肉ソーセージの
　　ケチャップ炒め　48
揚げない麻婆なす　55
オクラとえびとトマトの炒めもの　59
れんこんと鶏ささみの中華炒め　74
さつまいもと豚肉の黒酢炒め　82
チンゲンサイと牛肉の味噌炒め　84
チンゲンサイといかのエスニック炒め　86
にんじんと豚バラのしょうがクミン炒め　89

〖 揚げもの 〗
にらと豆腐と納豆の春巻き　13
揚げ大根　99

〖 煮物 〗
春キャベツとソーセージの蒸し煮　11
にんにくと豚の角煮　31
大根と鶏手羽中のケチャップ煮　100

〖 ゆでたもの 〗
セロリとえびの水餃子　27

■さっぱりヘルシーなおかず

〖 サラダ 〗
春キャベツとじゃこのペペロンチーノサラダ　8
春キャベツと柑橘のサラダ　9
スナップエンドウとゆで卵のサラダ　18
サニーレタスの韓国風サラダ　32
さつまいもとゆで卵のヨーグルトサラダ　81
揚げごぼうと春菊のサラダ　107

長いもの梅酢漬けとミニトマトのサラダ 116
〚 あえもの 〛
たけのことわかめの梅おかかあえ 21
セロリときゅうりの香味あえ 24
アスパラガスの焼き浸し 39
オクラとひじきのナンプラー白あえ 58
ほうれん草と春菊のおひたし 102
ごぼうとみつばとかまぼこの
　わさびマヨあえ 109
白菜と鶏ささみのごまあえ 119
〚 焼いたもの 〛
たけのことたらの芽の揚げ焼き 20
セロリと春雨の蒸し焼き 26
とうもろこしのズッキーニファルシ 53
かぼちゃのグリル 68
〚 蒸したもの 〛
春キャベツとあさりのエスニック風酒蒸し 10
〚 ゆでたもの 〛
湯引きレタス 33
オクラとゆで鶏のマスタードソース 60
ふんわりマッシュポテト 78
〚 煮物 〛
かぼちゃとレンズ豆のカレー煮 69
〚 マリネ 〛
スナップエンドウとたこのレモンマリネ 16
揚げなすのマリネ 54
しいたけのバルサミコマリネ 92
大根と柿のマリネ 98
焼きねぎのバルサミコマリネ 110
〚 ナムル 〛
焼きパプリカとアボカドのナムル 46
長ねぎのナムル 111
〚 ピクルス 〛
ミニトマトのハニーピクルス 42
ごぼうのピクルス 106
〚 スープ 〛
トマトのポタージュ 44
とうもろこしの冷製豆乳ポタージュ 51
オクラとチーズ白玉のスープ 61
れんこん団子汁 75
さつまいもの豆乳味噌汁 83
チンゲンサイと鶏団子のスープ 85
ゴロゴロにんじんスープ 90
長ねぎと鶏のスープ 112
長いもと白菜の味噌汁 115
白菜と鮭のミルク味噌スープ 121
〚 鍋 〛
レタスと豚肉のしゃぶしゃぶ鍋 35
ひらひら大根と豚バラの常夜鍋 101

■ちょっとつまみたいもの

スナップエンドウと
　焼きカマンベールフォンデュ 19
たけのこと鶏のつくね 22
まるごとにんにく入りアヒージョ 28
とうもろこしとみょうがのかき揚げ 50
とうもろこしのチリソテー 52
蒸し焼き枝豆 62
枝豆葛豆腐 63
オリーブオイルポテトチップス 76
カリカリコンビーフポテト 77
スティック大学芋 80
しいたけのトマトチーズ焼き 93

■食後にいただきたいもの

〚 スイーツ 〛
ずんだ豆乳アイス 65
かぼちゃのプリン 71
にんじんスフレチーズケーキ 91
〚 飲みもの 〛
春キャベツ＋セロリ＋グレープフルーツ 36
トマト＋スイカ＋レモン 66
にんじん＋柿 96
白菜＋りんご＋バナナ 122

Staff
デザイン　塙 美奈（ME&MIRACO）
イラスト　楠木雪野
著者写真　内山めぐみ
校正　　　麦秋新社
編集　　　安田 遥（ワニブックス）

Shop List
あじねフライパン　☎0120-218-292
沖縄海塩研究所　　☎098-988-2160
チェリーテラス・代官山　☎03-3770-8728

いいことだらけの旬野菜で、今日なに作ろう。

旬がおいしい台所

著者　井上裕美子

2017年3月25日　初版発行

発行者　横内正昭
編集人　青柳有紀
発行所　株式会社ワニブックス
　　　　〒150-8482　東京都渋谷区恵比寿4-4-9　えびす大黒ビル
　　　　☎03-5449-2711（代表）　☎03-5449-2716（編集部）
　　　　ワニブックスHP　http://www.wani.co.jp/
　　　　WANI BOOKOUT　http://www.wanibookout.com/
印刷所　株式会社 美松堂
DTP　　株式会社 三協美術
製本所　ナショナル製本

定価はカバーに表示してあります。
落丁本・乱丁本は小社管理部宛にお送りください。送料は小社負担にてお取替えいたします。
ただし、古書店等で購入したものに関してはお取替えできません。
本書の一部、または全部を無断で複写・複製・転載・公衆送信することは法律で認められた範囲を除いて禁じられています。
©井上裕美子 2017　ISBN 978-4-8470-9543-6
※本書は、WEBサイト「WANI BOOKOUT」で2015年6月〜現在までに連載された
「今日の旬、いただきます。」を加筆修正し、まとめたものです。